Hagen Rudolph

Heimbrauen für Fortgeschrittene

Für Dagmar ...

Hagen Rudolph

Heimbrauen für Fortgeschrittene

*Tipps und Tricks
für erfahrene Hobbybrauer*

Der Autor

Hagen Rudolph ist passionierter Hobbybrauer und veranstaltet Brauseminare. Es wurden bereits mehrere seiner selbstgebrauten Biere prämiert.

Haftungsausschluss

Alle Angaben in diesem Buch wurden vom Autor nach bestem Wissen erstellt und gemeinsam mit dem Verlag mit größtmöglicher Sorgfalt überprüft. Dennoch lassen sich (im Sinne des Produkthaftungsrechts) inhaltliche Fehler nicht vollständig ausschließen. Die Angaben verstehen sich daher ohne jegliche Verpflichtung oder Garantie seitens des Autors oder des Verlages. Autor und Verlag schließen jegliche Haftung für etwaige inhaltliche Unstimmigkeiten sowie für Personen-, Sach- und Vermögensschäden aus.

Bibliografische Information der Deutschen Nationalbibliothek

Die Deutsche Nationalbibliothek verzeichnet diese Publikation in der Deutschen Nationalbibliografie; detaillierte bibliografische Daten sind im Internet über http://dnb.d-nb.de abrufbar.

Verlag Hans Carl
© 2002 Fachverlag Hans Carl GmbH, Nürnberg
5. Auflage 2021

Alle Rechte vorbehalten

Das Werk ist einschließlich aller seiner Teile urheberrechtlich geschützt. Jede Verwertung außerhalb der engen Grenzen des Urheberrechtsgesetzes ist ohne Zustimmung des Verlages unzulässig und strafbar. Das gilt insbesondere für Vervielfältigungen, Übersetzungen, Mikroverfilmungen und die Einspeicherung in elektronische Systeme.

BRAUWELT ist eine eingetragene Marke der Raimund Schmitt Verpachtungsgesellschaft mbH & Co.KG

Fotos: Dr. Hagen Rudolph
Gestaltung: Wildner + Designer, Fürth, www.wildner-designer.de
Druck und Bindung: Kohlhammer Druck, Stuttgart
ISBN: 978-3-418-00789-2

Inhalt

Prolog	*6*
Neue Geschichte des Bieres	*8*

Wasser — *10*

Wasserhärte	11
Säuregehalt (pH-Wert)	14
Acidität	15
Restalkalität	16
Berechnung der Restalkalität	19
Weitere Bestandteile des Wassers	21
Wasseranalyse	22
Wasseraufbereitung	23

Malz — *32*

Rohgetreide	32
Mälzen	34
Malz- und Bierfarbe	37
Malze	39
Schroten	43

Maischen — *45*

Gussführung	45
Eiweiß und Enzyme	47
Konzentrierte Maische	49
Dekoktionsverfahren	51
Sudhausausbeute	53

Hopfen — *56*

Inhaltsstoffe des Hopfens	57
Hopfensorten	59
Hopfenprodukte	62
Berechnung der Hopfenmenge	65
Zeitpunkt(e) der Hopfengabe	67

Hefe — *70*

Hefeprodukte	71
Hefenährstoffe	74
Hefeernte	75
Eigene Hefezucht	77
Herführen der Hefe	82

Gärung und Lagerung — *83*

Anstellen	83
Gärführung	83
Veränderung während der Gärung	85
Ungewohnte Gärerscheinungen	86
Speise	87
Behältnisse	89
Nachgärung	92

Biergenuss – Sensorik — *94*

Verkostungskriterien	95
Geruchs- und Geschmackseindrücke	97
Merkmale verschiedener Biersorten	98
Geruchs- und Geschmacksfehler	100

Rezepte — *105*

Irish Stout (Guinness Art)	106
Premium Pilsener	107
Schwarz-Pils	108
Pilsener (Rudolph'sches Infusionsverfahren, auch Maltaseverfahren)	109
Pilsener (konzentrierte Würze)	110
Amberbier	111
Märzen	112
Rauchbier	113
Superstarkbier	114

Ausklang – Die Ballade vom Bierbrauen — *118*

Anhang — *121*

Berechnung von Alkoholgehalt und Brennwert	121
Korrektur der Spindelergebnisse	122

Adressen und Literatur	*123*
Register	*126*

Prolog

Der Autor beim Brauen

„Alles fließt", wusste bereits Heraklit, und vielleicht dachte er dabei auch an Bier. Die Welt bleibt nicht stehen, meinte er, und Hobbybrauer entwickeln sich ebenfalls weiter. Aus Einsteigern werden Fortgeschrittene. Nach anfänglichen Unsicherheiten stellt sich bald eine gewisse Routine ein. Wir verändern Rezepturen und entdecken unsere geschmacklichen Vorlieben. Wir experimentieren ein wenig, basteln mit den Gerätschaften herum (oder auch nicht), schnappen neue Ideen auf (oder haben sie selber) und genießen das immer besser werdende, selbst gebraute Bier.

Schließlich kommen wir an einen Punkt, an dem wir aus vielen Büchern nichts mehr lernen, denn als einführende Ratgeber gehen sie über einen gewissen Schwierigkeitsgrad nicht hinaus. Macht nix, das Bier schmeckt ja. Aber andererseits – können wir nicht drumherum noch einiges tun? Die Wasserqualität gezielt beeinflussen? Die Maischarbeit verbessern? Den Hopfeneinsatz optimieren? Unsere eigene Hefe züchten? Und dies und das?

Jawohl, wir können. Allerdings mussten wir dazu bislang die Fachliteratur für Brauereien und Braumeister konsultieren, welche nicht nur teuer, sondern obendrein oft sehr wissenschaftlich und fachspezifisch gehalten ist. Ziemlich starker Tobak für normale Hobbybrauer ohne besondere naturwissenschaftliche Vorkenntnisse, die lediglich den Brauprozess etwas besser durchschauen und ihr Bier verfeinern möchten.

Für sie habe ich dieses Buch geschrieben. Es versucht, die Lücke zwischen Anfänger- und Fachliteratur zu verkleinern. Es liefert...

- Hintergrundinformationen über Produkte, deren Gewinnung oder Herstellung und Eigenarten,
- selbst entwickelte Übersichten, die komplexe Zusammenhänge möglichst auf einen Blick begreifbar machen sollen,
- nützliche Formeln und Tabellen zu unterschiedlichen Zwecken,
- neue Rezepte und Anregungen für eigene Experimente,
- praxisbezogene Hinweise, auch wenn sie manchmal die graue Theorie vom Tisch fegen (Theorie ist, wenn man alles weiß und nichts funktioniert. Praxis ist, wenn alles funktioniert, und keiner weiß warum.),
- das alles umrahmt von der Neuen Geschichte des Bieres und der Ballade vom Hobbybrauer, bei denen ausnahmsweise nicht die Information, sondern die Unterhaltung im Vordergrund stehen.

Wie der Titel „Heimbrauen für Fortgeschrittene" nahelegt, setze ich gewisse Vorkenntnisse und Erfahrungen voraus. Das „Kleine Einmaleins" des Hobbybrauens sollten Sie bereits im Kopf haben. Sie finden es beispielsweise in meinem Buch „Heimbrauen" (Fachverlag Hans Carl, 6. Aufl., 2018). Auch die wichtigsten Gerätschaften (Brau-, Filter- und Gärgefässe, Bierspindel, Thermometer usw.) beschreibe ich nicht noch einmal, um Wiederholungen zu vermeiden. Sie dürften ebenfalls bekannt und vorhanden sein.

Außerdem möchte ich auf meine Website „www.hagenrudolph.de" verweisen. Dort finden Sie eine Ecke für Hobbybrauer mit Informationen und vielen Links, die schneller aktualisiert werden, als es in einem Buch möglich ist.

Viel Spaß beim Lesen und Brauen wünsche ich Ihnen.

Ihr Hagen Rudolph
Bardowick, im Januar 2021.

Neue Geschichte des Bieres

Die Geschichte des Bieres muss neu geschrieben werden. Ein mir gut bekannter Bierhistoriker, Prof. Dr. Gambrinus von Hallertau, hat auf seinen ausgedehnten Exkursionen durch alle Welt bislang verborgene Fakten zusammengetragen, die ein anderes Licht auf die Entstehung des Bieres fallen lassen. Auch die Geschichte bleibt nicht stehen.

Gerüchte, ich hätte diesen Bierhistoriker nach dem Genuss selbstgebrauten Bieres erfunden, muss ich allerdings schärfstens dementieren. Schließlich zeigen unsere leuchtenden Vorbilder in Politik, Wirtschaft, Sport, Unterhaltung usw., dass scharfe Dementis fast immer der beste Beleg für die Wahrheit von Gerüchten sind.

Im ausgehenden zwanzigsten Jahrhundert hat Prof. Dr. Gambrinus von Hallertau also in den Ruinen von Troja gebuddelt. Troja wurde bekanntlich neunmal wieder aufgebaut. Bei seiner Buddelei stieß von Hallertau auf die bis dahin unentdeckte Null-Version von Troja, verborgen unter den historisch dokumentierten neun späteren Trojas. Interessant in unserem Zusammenhang sind

Prof. Dr. Gambrinus von Hallertau

Funde, die auf einen ca. 8000 Jahre alten Getränkemarkt hinweisen, datiert anhand von Münzfunden aus der Wechselgeldkasse. Auf einer Münze war deutlich die Prägung „6001 v. Chr." (natürlich auf sumerisch) zu lesen. In der Nähe lagen zerbrochene Reste von Beugelbuddelbier-Behältnissen, welche die Sumerer neben den im Inland üblichen Amphoren offenbar für den Export verwendeten.

Flaschenetiketten kannte man damals nicht, weil das Papier noch nicht erfunden war. Also hängte man den Beugelbuddelbier-Behältnissen kleine Keilschrift-Tontäfelchen mit wichtigen Informationen zum jeweiligen

Flascheninhalt um, so wie heute auf den Rückseiten der Flaschen oft Etiketten mit kurzen Geschichten kleben. Daraus konnte von Hallertau rekonstruieren, wie die Sumerer ihr Bier entwickelt haben.

Es begab sich in der Stadt Ur am Euphrat an einem besonders heißen Sommertag. Im dortigen Haupttempel ließ sich nach Feierabend ein Mönch auf seiner kargen Bank nieder. Erschöpft und völlig verschwitzt stammelte er: „Ich hab' Durst. Ich brauch ein Bier!" (natürlich auf sumerisch). Aber es gab noch kein Bier. Und da das sumerische Reich eine blühende Getreideanbaukultur pflegte, beauftragte der Abt des Tempels – selber durstig – seine Brüder, aus den vorhandenen Rohstoffen ein Bier zu entwickeln. Ihr Produkt, das heute noch bekannte „Ur-Bock", war ein durchschlagender Erfolg und begann fortan seinen Siegeszug um die Welt.

Bei der Gelegenheit konnte Prof. Dr. Gambrinus von Hallertau nachweisen, dass die deutschen Brauklöster nahtlos an der sumerischen Tempeltradition anknüpften. Und ein weiteres Rätsel enträtselte er gleich mit.

Am 18. April 1999 gab es in der Welt am Sonntag einen Bericht mit der Überschrift „Wer erfand das Schreiben, als noch keiner Lesen konnte?". In der Tat eine interessante Frage, auf die man erst einmal kommen muss. Es ging um ein Symposium internationaler Sprachforscher an der Universität von Pennsylvania. Die Sumerer, uns als die ältesten Bierbrauer bekannt, haben die Schrift erfunden. Und da sie die Schrift erfunden haben, sind sie uns als die ältesten Bierbrauer bekannt, denn so stammen die frühesten Aufzeichnungen von ihnen.

Nun liegt die Antwort auf der Hand, und alle Sprachforscher sollten aufmerken, was ein Bierhistoriker zu des Rätsels Lösung beizutragen hat: Die Sumerer *mussten* die Schrift erfinden, um ihre Brauprotokolle führen zu können! Die Schrift als Nebenprodukt des Bierbrauens, entwickelt in einem Brautempel in Ur. Hand auf's Herz: Hätten Sie das gedacht?

Soweit einige neue Forschungsergebnisse, die ich meinen Lesern nicht schuldig bleiben wollte. Nun ist uns ja allen bekannt, dass Bier eine wichtige Sache ist. Entsprechend ernsthaft, fast schon wissenschaftlich geht es in den folgenden Kapiteln weiter. Ehrlich!

Wasser

> *Warum ist es für Hobbybrauer nützlich, sich mit dem Rohstoff Wasser zu beschäftigen?*
> - *Die meisten Wässer sind nicht gleichermaßen gut für alle Biersorten geeignet.*
> - *Die Kenntnis grundlegender Zusammenhänge ermöglicht eine Anpassung der Rezeptur an das vorhandene Wasser, gegebenenfalls auch eine gezielte Aufbereitung des Wassers.*
> - *Dadurch lässt sich die Auswahl der anderen Rohstoffe optimieren, die Ausbeute erhöhen und die Qualität des Bieres verbessern.*

Chemisch reines Wasser – H_2O – gibt es allenfalls im Labor. Natürliches Wasser kommt praktisch nie in reiner Form vor. Bereits auf seinem weiten Weg von den Wolken zur Erde fängt es Staub, Pollen und sonstige Partikel ein. Wenn es als Niederschlag auf dem Boden angelangt ist und unterschiedliche Erdschichten oder Gesteine durchsickert, filtert das Erdreich jene Partikel zwar größtenteils aus, aber das Wasser reichert sich mit einer Reihe anderer Substanzen an. Es enthält daher stets Anteile von Gasen, Salzen und sonstigen Bestandteilen. Diese treten im Wasser grob-dispers (grob verteilt), kolloid-dispers (fein verteilt) oder dissoziiert (gelöst) auf.

Orts- oder regionenspezifische Biertypen entstanden in der Regel unter dem Einfluss des vorhandenen Wassers. Um Geschmack und Ausbeute zu optimieren, passte man Zutaten und Brauverfahren dem Wasser an. Man entwickelte beispielsweise Biere Münchner, Dortmunder, Wiener oder Pilsener Typs, um nur einige besonders bekannte zu nennen, von denen noch zu reden sein wird. Sie waren ohne das jeweils vorgefundene Wasser kaum denkbar. Darum haben wir unsere heutige Sortenvielfalt nicht zuletzt unterschiedlichen Wasserqualitäten zu verdanken, und wir können inzwischen auch erklären, warum diese Biertypen die jeweiligen Wässer optimal ausnutzen.

Wasserhärte

Ein entscheidender Parameter der Wasserqualität ist die Wasserhärte. Sie wird ausgedrückt in Grad deutscher Härte (°dH). Ein „deutscher Härtegrad" entspricht 1 g Kalziumoxyd (CaO) in 1 hl Wasser (bzw. 10 mg CaO pro Liter Wasser – abweichend davon gibt es z.B. „englische" oder „französische" Härtegrade).

Dies ist freilich erst die Gesamthärte. Sie setzt sich zusammen aus Karbonathärte und Nichtkarbonathärte. Nach dem Gesetz über Einheiten im Messwesen vom 1.1.1978 wurden die Bezeichnungen zwar durch neue ersetzt, die alten Bezeichnungen sind aber noch immer weit überwiegend in Gebrauch. Das ist angesichts der unzumutbaren neuen Wortungetüme verständlich, und ich werde es nicht anders halten.

frühere Bezeichnung	heutige offizielle Bezeichnung
Gesamthärte	Summe der Erdalkalien
Karbonathärte	Karbonationen der Erdalkalien
Nichtkarbonathärte	Nichtkarbonationen der Erdalkalien

Was hat es mit den Begriffen auf sich? Zum Verständnis müssen wir uns auf das Terrain der Chemie begeben. Eingefleischte Chemiefans, die es noch genauer wissen wollen, können weitere Details in Heyses „Handbuch der Brauerei-Praxis" oder in Narziß' „Abriss der Bierbrauerei" nachschlagen. Wer das Periodensystem nicht kennt, kann die Informationen einfach ignorieren, oder sich in einem Chemiebuch mit ihm vertraut machen.

- *Alkalimetalle* sind Metalle der ersten Hauptgruppe des Periodensystems (das ist die erste Spalte von links). Insbesondere Natrium (Na) und Kalium (K) sind im Wasser enthalten.

- *Erdalkalimetalle* findet man in der zweiten Hauptgruppe des Periodensystems (der zweiten Spalte von links). Für uns sind vor allem Magnesium (Mg) und Calcium (Ca) von Interesse.

- *Ionen* (gr. ion = wandernd) sind positiv oder negativ geladene Teile von Salzen, die je nach Ladung *Kationen* (+) oder *Anionen* (-) heißen. Ihre Ladung wird durch ein oder mehrere hochgestellte Plus- oder Minuszeichen ausgedrückt. Da Moleküle nach außen hin neutral sind, müssen sich die Ladungen der zum Salz gehörenden Ionen ausgleichen. Während die Ionen in kristallinem Zustand fest miteinander verbunden sind, können sie sich in Wasser gelöst relativ frei bewegen und auch neue Verbindungen eingehen. Vereinfacht ausgedrückt funktioniert die Wasserenthärtung nach dem Prinzip, dass die Ionen mehrerer Salze ihre Partner tauschen. So bilden sich andere Salze. Die ungewünschten Salze werden anschließend entfernt.

- *Karbonate* sind Salze, deren Moleküle als Anion ein CO_3^{2-}-Ion aufweisen, z.B. Calciumkarbonat ($CaCO_3$) oder Natriumkarbonat (Na_2CO_3). In Verbindung mit Kohlensäure (H_2CO_3) entstehen Hydrogenkarbonate. Sie enthalten HCO_3^--Ionen, z.B. Calciumhydrogenkarbonat ($Ca(HCO_3)_2$). Hydrogenkarbonate gehen bei einer Temperatur ab 60 °C (oder durch Fällmittel) in Karbonate über. Zugleich bilden sich Kohlendioxid (CO_2) und Wasser (H_2O), wobei das Kohlendioxid als Gas entweicht (↑ – deshalb steigen beim Erwärmen von Wasser bereits ab ca. 60 °C Bläschen auf) und das Karbonat unlöslich wird und ausfällt (↓):

$$Ca(HCO_3)_2 \xrightarrow{\text{Temperaturerhöhung}} CaCO_3 \downarrow + CO_2 \uparrow + H_2O$$

- Die *Karbonathärte* besteht aus (Hydrogen-)Karbonationen, die mit Erdalkalimetall-Ionen (Mg^{2+}, Ca^{2+}) zusammen ein Molekül bilden. Karbonationen der Alkalimetalle (Na^+, K^+) spielen laut dieser Definition für die Karbonathärte keine Rolle. Da Hydrogenkarbonate, wie gerade gezeigt, beim Erhitzen in Karbonate umgewandelt werden und (als Kesselstein) ausfallen, nennt man die Karbonathärte auch vorübergehende Härte.

- Die *Nichtkarbonathärte* (auch permanente Härte) besteht aus Nichtkarbonationen (Säurereste der Schwefel-, Salz- und Salpetersäure SO_4^{2-}, Cl^-, NO_3^-), die mit Erdalkalimetall-Ionen zusammen ein Salz (Sulfat, Chlorid, Nitrat) bilden. Auch hier werden die Verbindungen der Alkalimetalle per Definition ausgeschlossen.

Die Zuordnung bestimmter Salze zur Nichtkarbonat- oder Karbonathärte zeigt die folgende Abbildung. Ihr lässt sich entnehmen, dass etwa Magnesiumkarbonat zur Karbonathärte beiträgt, Calciumsulfat hingegen zur Nichtkarbonathärte.

	...clorid	...sulfat	...nitrat	...karbonat
Calcium...	Nichtkarbonathärte			Karbonathärte
Magnesium...				

Bestandteile der Nichtkarbonat und Karbonathärte

Für Bier ist neben der Karbonathärte vor allem ihre Relation zur Nichtkarbonathärte von Interesse. Brauwässer können diesbezüglich erhebliche Unterschiede aufweisen. Günstig für den Biergeschmack ist ein Verhältnis (Karbonathärte : Nichtkarbonathärte) von 1 : 2,5. Bei einem Verhältnis von 1 : 3,5 wird das Bier etwas heller. Diese Relationen sind aber eher selten anzutreffen, und es ist nicht erforderlich, Wasser aufzubereiten, nur um diese Verhältnisse zu erreichen.

Einige charakteristische Kombinationen (wenig oder viel Karbonathärte mit wenig oder viel Nichtkarbonathärte) haben zu den bereits erwähnten berühmten Biertypen (historische Werte für Pilsener, Münchner, Dortmunder, Wiener – wir kommen weiter unten darauf zurück) geführt, wie die Abbildung zeigt:

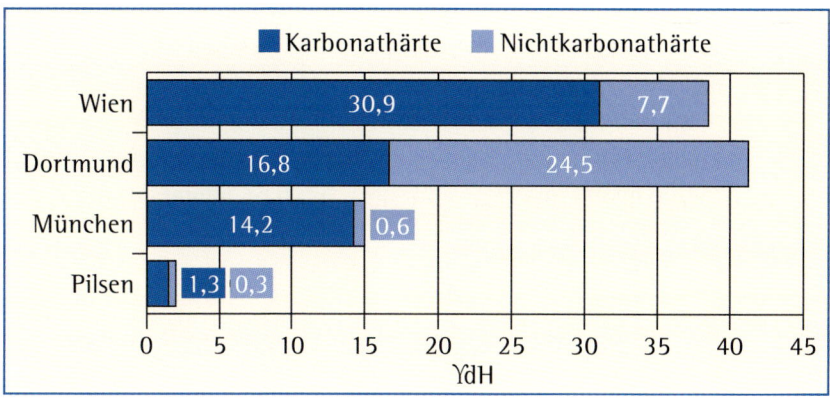

In enger Verbindung zur Wasserhärte steht der Säuregehalt des Wassers. Erst wenn wir uns damit befasst haben, können wir verstehen, warum die verschiedenen Biertypen entstanden sind.

> *Zunächst gilt:*
> - *Karbonathärte ist für den Brauer gewissermaßen die „böse", Nichtkarbonathärte dagegen die „gute" Härte.*
> - *Je höher die Karbonathärte, desto eher ist eine Aufbereitung des Wassers nötig, um Probleme beim Maischen zu vermeiden.*
> - *Je höher die Nichtkarbonathärte, desto mehr wird den Problemen der Karbonathärte entgegengewirkt.*

Säuregehalt (pH-Wert)

Der pH-Wert (lat. pondus Hydrogenii = Gewicht des Wasserstoffs) drückt aus, wie sauer oder basisch eine Lösung ist. Säuren haben einen Überschuss an H^+-Ionen, Basen (Laugen) einen Überschuss an OH^--Ionen. Neutrale Lösungen, in denen ein Gleichgewicht von H^+-Ionen und OH^--Ionen besteht, haben einen pH-Wert von 7. Saure Lösungen liegen darunter, basische Lösungen darüber. Je konzentrierter Säuren oder Basen sind, desto weiter entfernt vom neutralen Wert liegt ihr pH-Wert.

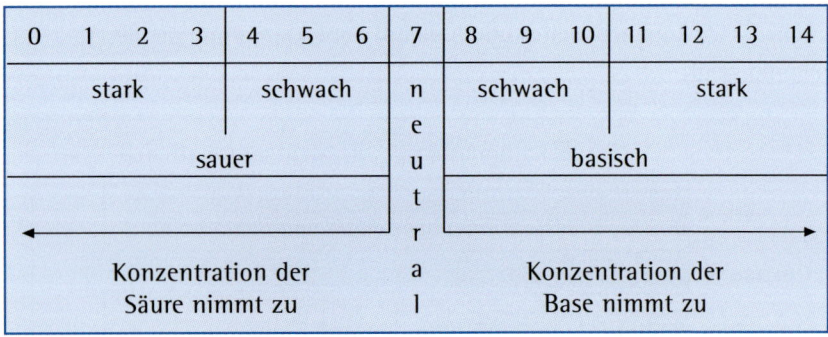

pH-Werte (0 bis 14) und ihre Bedeutung

Wenn die Wasserstoffionen-Konzentration in einer Lösung z.B. $10^{-6,5}$ beträgt, dann ist der pH-Wert 6,5. Wissenschaftler nennen diese 6,5 den „negativen dekadischen Logarithmus der Wasserstoffionen-Konzentration". Aber das sei nur der Vollständigkeit halber erwähnt.

Die Trinkwasserverordnung (TVO) sieht einen pH-Wert des Trinkwassers, welches ja normalerweise unser Brauwasser ist, zwischen 6,5 und 9,5 vor. Hobbybrauer können mit Indikatorpapier (über den Fachhandel oder in Apotheken zu beziehen) oder auch mit elektronischen Messgeräten den pH-Wert ausreichend genau für eine erste, grobe Orientierung ermitteln. Unser Brauwasser soll leicht sauer sein, um zu guten Ergebnissen zu führen.

Das Brauwasser sollte nicht im basischen (alkalischen) Bereich liegen. Sein pH-Wert sollte also maximal 7,0 betragen, besser jedoch bei ca. 6,5 liegen.

Acidität

Natürlich vorkommendes Wasser enthält als Ionen gelöste („aktuelle") sowie nicht gelöste („potenzielle") Säuren. Während der pH-Wert nur erstere erfasst, ergibt die Summe der aktuellen und potenziellen Säuren (die Gesamtmenge aller Säurebildner) die Acidität (Konzentration der Säuren). Ihr Gegenstück (Konzentration der Basen) heißt Alkalität und entspricht in der Regel der Konzentration der im Wasser enthaltenen Hydrogencarbonat-Ionen.

Die Acidität des Brauwassers wird bestimmt durch

- *aciditätserhöhende* Calcium- und Magnesiumionen (enthalten in Karbonat- und Nichtkarbonathärte); sie überführen schwach alkalische sekundäre Phosphate in saure primäre Phosphate und senken dadurch den pH-Wert:

    $3\ Ca^{2-} + HPO_4^{2-} \Rrightarrow Ca_3(PO_4)^2 \downarrow + 2\ H_2PO_4^-$

- *aciditätsvernichtende* Hydrogenkarbonationen (treten auf in der Karbonathärte und in Verbindung mit Alkalimetallen); sie verbrauchen H^+-Ionen und erhöhen dadurch den pH-Wert:

    $HCO_3^- + H^+ \Rrightarrow H_2O + CO_2 \uparrow$

    Außerdem reagieren sie mit sauer wirkenden primären Phosphaten zu schwach alkalischen sekundären Phosphaten:

    $H_2PO_4^- + HCO_3^- \Rrightarrow HPO_4^{2-} + H_2O + CO_2 \uparrow$

    Noch vorhandene Hydrogenkarbonate können sekundäre Phosphate in stark alkalische tertiäre Phosphate umwandeln:

    $HPO_4^{2-} + HCO_3^- \Rrightarrow PO_4^{3-} + H_2O + CO_2 \uparrow$

- *aciditätsneutrale* Ionen.

Folgende Übersicht verdeutlicht die Zuordnung und Wirkung der genannten Substanzen:

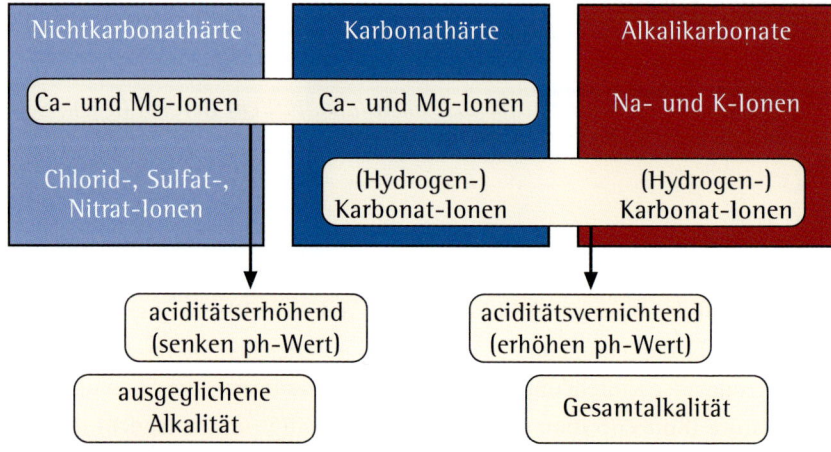

Verschiedene Ionen und ihr Einfluss auf die Acidität

Für die *Gesamtalkalität* sind Erdalkali- und Alkalikarbonate ausschlaggebend. Wenn keine Alkalikarbonate wie Soda (Na_2CO_3) oder Pottasche (K_2CO_3) vorhanden sind, wovon man oft vereinfachend ausgeht (Soda kommt beispielsweise vor allem in vulkanischen Gebieten vor), entspricht die Gesamtalkalität genau der Konzentration der Erdalkalikarbonate, also der Karbonathärte. Die *ausgeglichene Alkalität* (gleicht die alkalische Wirkung aus) bemisst sich anhand der Calcium- und Magnesiumionen.

Restalkalität

Wir sehen, dass die Karbonathärte sowohl aciditätserhöhende als auch -vernichtende Bestandteile enthält, die Nichtkarbonathärte hingegen aciditätserhöhende und -neutrale. Das Verhältnis von aciditätserhöhenden zu aciditätsvernichtenden Ionen wird durch die Restalkalität in °dH ausgedrückt. Die Restalkalität verknüpft gewissermaßen Wasserhärte und pH-Wert miteinander. Sie ist das Maß für die Eignung eines Wassers für bestimmte Biersorten.

Dortmunder Wasser ist hierfür ein gutes Beispiel. Es hat eine hohe Karbonathärte (16,8 °dH – die historischen Werte dienen nur der Illustration), also eine hohe Gesamtalkalität. Dieser steht aber eine sehr hohe Nichtkarbonathärte (24,5 °dH) gegenüber. Sie wirkt aciditätserhöhend bzw. alkalitätsneutralisierend. Daher liegt die Restalkalität nur bei 5,7 °dH, und das Wasser ist ungeachtet seiner ungewöhnlichen Härte für helle Biere geeignet, was bei Münchner bzw. Wiener Wässern, die trotz niedrigerer Gesamthärte eine deutlich höhere Restalkalität (10,6 bzw. 22,1 °dH) aufweisen, nicht der Fall ist.

Für Pilsener Biere sollte die Restalkalität unter 2 °dH betragen (Restalkalität des Pilsener Wassers: 0,9 °dH), für Lagerbiere (z.B. Export) um 5 °dH. Dortmund hat also ein Wasser für Exportbiere, und für diese ist der Standort tatsächlich berühmt. Bis zu einer Restalkalität von ca. 5 °dH ist eine Wasseraufbereitung kaum lohnend, wenn man nicht gerade ein Pilsener Bier brauen möchte.

Die Tabelle auf der Seite 18 zeigt die Auswirkungen des höheren Maische- und Würze-pH bei höherer Restalkalität des Brauwassers.

Dies beeinträchtigt die Qualität heller, untergäriger Biere. Also macht man aus der Not eine Tugend, passt sich dem Wasser an und braut bei höherem pH-Wert dunklere Biere oder obergärige (Weizen-) Biere. Die Nachteile des Wassers kann man damit zwar nicht vollständig kompensieren, aber doch erheblich abmildern. Dunkle Biere sind oft vollmundiger. Stärkere Malzigkeit und Vollmundigkeit runden ein leichtes Röstaroma ab und überdecken raue Geschmacksnuancen. Die qualitativ schlechtere Bittere wird durch eine vorsichtigere Hopfengabe gemildert. Im dunkleren Bier fallen Trubstoffe weniger auf (was bei den modernen industriellen Filteranlagen einerseits kein Problem darstellt und andererseits bei Hobbybrauern aufgrund des ohnehin stärkeren Trubes kaum stört). Damit haben wir die charakteristischen Merkmale dunkler Biere beisammen. Bei obergärigen Bieren sorgt die Hefe für mehr geschmacksaktive Aromastoffe.

Nun ist aber zu klären, wie wir die Restalkalität unseres eigenen Wassers berechnen können.

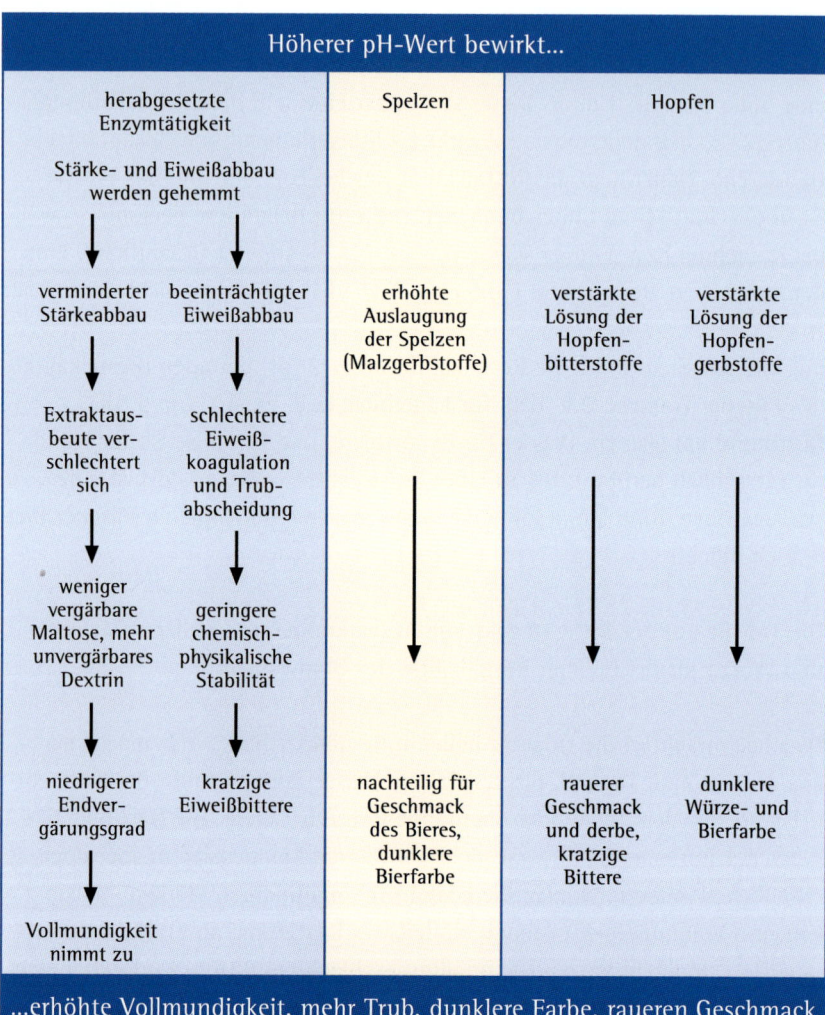

Wirkung eines höheren ph-Wertes auf das Bierbrauen

Berechnung der Restkalität

Zur Berechnung der Restkalität zieht man von der Gesamtalkalität die ausgeglichene Alkalität (gewichtete Menge aller Calcium- und Magnesium-Ionen) ab. Man kann auch sagen: Von den acidtätsvernichtenden Ionen zieht man die acidtätserhöhenden Ionen ab, nur müssen letztere aufgrund ihrer unterschiedlichen Wirkung zunächst in ein bestimmtes Verhältnis gesetzt werden. Die Gesamtalkalität entspricht, wie bereits gesagt, der Karbonathärte, wenn keine nennenswerte Menge an Alkalikarbonaten enthalten ist. Unsere Formel lautet:

Restkalität = Gesamtalkalität - ausgeglichene Alkalität

Nun benötigt man 3,5 mol Calcium bzw. 7 mol Magnesium, um die schädliche Wirkung von 1 mol Hydrogenkarbonat zu kompensieren (deshalb die Bezeichnung „ausgeglichene Alkalität"). Entsprechend gewichtet addieren sich beide zur ausgeglichenen Alkalität:

$$\text{Restkalität (in °dH)} = \text{Gesamtalkalität} - \left(\frac{\text{Ca- Ionen}}{3,5} + \frac{\text{Mg- Ionen}}{7}\right)$$

Formel für die Berechnung der Restkalität

Wie wenden wir diese Formel an? Nun, die Restkalität wird in °dH ausgedrückt, daher setzt man sämtliche Werte mit dieser Einheit in die Formel ein. Vom Wasserwerk wird man Angaben jedoch in mg/l (Milligramm pro Liter) erhalten, muss sie also noch umrechnen. Dabei hilft folgende Tabelle:

Ein...	entspricht...
°dH	7,15 mg/l Calciumionen
°dH	4,34 mg/l Magnesiumionen
mg/l Calciumionen	0,14 °dH (= 1 / 7,15)
mg/l Magnesiumionen	0,23 °dH (= 1 / 4,34)

Sind also z.B. 47 mg/l Calcium angegeben und wollen sie diese in °dH umrechnen, dann dividieren Sie den Wert durch 7,15 oder multiplizieren ihn mit 0,14, was auf dasselbe hinausläuft. Das Ergebnis lautet jedenfalls 6,57 °dH.

Als Rechenbeispiel greife ich auf die Trinkwasseranalyse meines örtlichen Wasserwerkes zurück:

	Analysewert	Umrechnung in °dH
Gesamthärte	7,5 °dH	
Karbonathärte	6,2 °dH	
Nichtkarbonathärte	1,3 °dH	
Calcium	47 mg/l	6,57 °dH (= 47 / 7,15)
Magnesium	3 mg/l	0,69 °dH (= 3 / 4,34)

Da Alkalikarbonate ignoriert werden (weil sie meist nicht enthalten sind, was die vorliegenden Analyse bestätigt), setze ich die Gesamtalkalität gleich der Karbonathärte, trage alles in die Formel ein und komme zu folgendem Ergebnis:

$$\text{Restalkalität} = 6{,}2 - \left(\frac{6{,}57}{3{,}5} + \frac{0{,}69}{7}\right) = 4{,}22$$

Beispiel für die Berechnung der Restalkalität

Mein Wasser hat also eine Restalkalität von 4,22 und ist damit für Pilsener nicht mehr optimal geeignet (obwohl die Ergebnisse in der Praxis immer noch hervorragend ausfallen), wohl aber für helle Lagerbiere wie Export oder Spezial. Dunkle Biere gelingen damit ebenfalls prächtig. Offenbar ist das Wasser für alle Zwecke ausreichend, es ist ja auch noch nicht sonderlich hart.

Wo genau bei Ihrem Trinkwasser die Grenzen des Genießbaren liegen, finden Sie – bevor Sie lange rechnen und überlegen – am besten durch eigenes Ausprobieren heraus. Erst bei unbefriedigenden Resultaten müssen Sie Ihr Wasser aufbereiten. Vor der Aufbereitung muss das Wasser freilich genauer analysiert werden.

Weitere Bestandteile des Wassers

Neben den genannten Substanzen können sich weitere störende Bestandteile im Wasser befinden. Für das Brauen sind die folgenden von größerer Bedeutung:

- *Nitrat* ist im Wasser immer enthalten. Durch Überdüngung kann der Nitratgehalt jedoch leicht ein schädliches Ausmaß annehmen. Mehr als 50 mg/l sind bedenklich, da die Hefe Nitrat (NO_3) zum Hefegift Nitrit (NO_2) umwandelt, was Veränderungen des Biercharakters oder Störungen des Gärvorganges zur Folge haben kann. Bei weichem Wasser können auch geringere Nitratmengen schon bedenklich sein. Nitrat-, Ammonium- und Phosphat-Ionen deuten übrigens auf fäkale Verunreinigungen des Wassers hin, die beispielsweise bei geringer Grundwassertiefe und intensiver Gülleentsorgung auf landwirtschaftlich genutzten Flächen (irreführend „Düngung" genannt) auftreten können.

- *Chlor*, sofern es in Wasserwerken oder im Haushalt zur Wasseraufbereitung verwendet wurde, ist problematisch, da es mit den Gerbstoffen des Malzes Chlorphenole bildet. Chlor verfliegt, wenn man das Wasser vor dem Brauen einen Tag stehen lässt und belüftet, z.B. mit einer Aquarienpumpe. Künstlich zugesetztes Chlor ist nicht zu verwechseln mit natürlichem Chlorid.

- *Chlorid* kommt durch im Wasser gelöste Salze (Natriumchlorid ist Kochsalz) natürlich vor. Daher ist nicht verwunderlich, dass ab 300 mg/l das Bier salzig schmecken kann. Chlorid kann Edelstahl angreifen, weshalb man bei Verwendung dieses Materials 100 mg/l nicht überschreiten sollte. Andererseits begünstigt es die Tätigkeit der α-Amylase beim Maischen, verbessert die Vollmundigkeit und sorgt für einen weicheren Geschmack des Bieres.

- *Eisen* und *Mangan* sind ab 1 mg/l ungünstig, denn sie wirken sich nachteilig auf Geschmack und Farbe des Bieres aus. Eisenhaltiges Wasser ist leicht an seiner bräunlichen Färbung zu erkennen.

Wasseranalyse

Bei der Wasseranalyse geht es darum, für uns wichtige Parameter der Wasserqualität möglichst exakt zu bestimmen. Erst wenn sie bekannt sind, können wir sie bei Bedarf mittels Wasseraufbereitung gezielt verändern.

Genaue Analysewerte können Sie bei Ihrem Wasserwerk oder Wasserbeschaffungsverband erfragen. Von dort beziehen Sie Ihr Rohwasser. Sobald Sie allerdings Ihren eigenen Brunnen haben oder mit der Wasseraufbereitung beginnen, kann das Wasserwerk nicht mehr weiterhelfen. Dann müssen Sie selbst zur Tat schreiten.

Für Hobbybrauer gibt es einfache und kostengünstige Möglichkeiten einer brauchbaren Wasseranalyse, beispielsweise eine Reihe von Indikator- und Testpapieren, meist als Streifen. Diese taucht man kurz in das Wasser. Anhand des Farbumschlags kann man dann sofort die gemessenen Werte ablesen. Der Handel bietet z.B. Indikatorstreifen für Wasserhärte, pH-Wert, Nitrat, Nitrit, Chlor und viele andere Substanzen an. Auch elektronische Geräte, etwa zur Messung des pH-Wertes, stehen zur Verfügung, sind aber nicht ganz billig. Sie erhalten jene Produkte u.a. im Hobbybrau- oder im Aquarienfachhandel, da für die Zucht von Zierfischen – ähnlich wie für das Brauen – die Wasserqualität von großer Bedeutung ist.

Eine erste Orientierung über den pH-Wert können Sie sich mit Universalindikator (nur ganzzahlige Werte) verschaffen, um dann mit genauerem Indikator (z.B. 6,0 bis 8,1 in 0,3-Schritten) präzisere Werte zu ermitteln. Nitrat(e) lassen sich mit speziellen Teststreifen in den Stufen 0/10/25/50/100/250/500 mg/l NO_3^- ablesen.

Titrimetrische Bestimmung der Gesamthärte

Die Gesamthärte konnen Sie sehr einfach titrimetrisch (maßanalytische Bestimmung einer Lösung mit unbekannter Konzentration durch Zugabe einer Titrierlösung mit bekannter Konzentration bis zu einer sprunghaften Änderung z.B. der Farbe) bestimmen. Hierzu bietet Macherey-Nagel ein Testbesteck an, bestehend aus einem Probegefäß und einer Reagenz.
Die Reagenz geben Sie tropfenweise in 5 ml Wasser. Wenn die Farbe von Orange nach Grün umschlägt, ist die Zahl der bis dahin verbrauchten Tropfen gleich der Gesamthärte in °dH. Führen Sie diesen Test vor und nach der Aufbereitung durch, dann können Sie die Veränderung recht zuverlässig feststellen.

Wasseraufbereitung

Man muss sich heutzutage nicht mit dem vorhandenen Wassertyp abfinden. Am Pils-Boom etwa wollen verständlicherweise auch Brauereien teilhaben, deren Wasser für das Brauen von Pilsener Bieren eher ungeeignet ist. Daher wurden Verfahren der Wasseraufbereitung und Wasserenthärtung entwickelt, die stets einen größeren Aufwand erfordern und höhere Kosten mit sich bringen, aber nicht alle überall zulässig sind.

Enthärtung durch Erhitzen

Wie bereits erwähnt zerfällt beim Erhitzen über 75 °C ein Teil des Hydrogenkarbonats in Karbonat, Kohlendioxid und Wasser. Während ein Teil der vormals gelösten Härtebildner als Calciumkarbonat ausfällt, ist Magnesiumkarbonat nur in der Siedehitze unlöslich, muss also – sofern erwünscht – aus heißem Wasser herausgefiltert werden. Bei sinkender Temperatur löst es sich wieder. An Alkalimetalle gebundene Hydrogenkarbonate – für die Wasserhärte sind sie bedeutungslos – bleiben auch bei heißem Wasser in Lösung.

> *Fazit: Enthärtung durch Erhitzen reduziert die Calciumkarbonathärte ohne Zugabe von Chemikalien, aber mit einem beträchtlichen Energieaufwand.*

Enthärtung mit Calciumhydroxid ($Ca(OH)_2$)

Kohlendioxid, Calcium- und Magnesiumhydrogenkarbonat sowie Magnesiumkarbonat lassen sich mit Calciumhydroxid (gelöschtem Kalk) schon bei einer normalen Wassertemperatur von 12 °C – besser ist jedoch Raumtemperatur – unschädlich machen. Dieses Verfahren ist also ohne Erhitzen durchzuführen und obendrein leicht zu kontrollieren. Dabei laufen – je nach vorhandenen Härtebildnern – folgende Reaktionen ab:

$$CO_2 + Ca(OH)_2 \Rightarrow CaCO_3 \downarrow + H_2O$$
$$Ca(HCO_3)_2 + Ca(OH)_2 \Rightarrow 2\,CaCO_3 \downarrow + 2\,H_2O$$
$$Mg(HCO_3)_2 + Ca(OH)_2 \Rightarrow CaCO_3 \downarrow + MgCO_3 + 2\,H_2O$$
$$MgCO_3 + Ca(OH)_2 \Rightarrow 2\,CaCO_3 \downarrow + Mg(OH)_2$$

Dem Wasser wird gesättigte Calciumhydroxid-Lösung, auch als „Kalkmilch" oder „Kalkwasser" bekannt, zugegeben. Calciumkarbonat und evtl. Magnesiumhydroxid fallen aus. Das enthärtete Wasser wird vorsichtig abgezogen, der schlammhaltige Bodensatz bleibt im Gefäß zurück. Deswegen sollten Sie einige Liter mehr enthärten, als Sie tatsächlich benötigen.

Sie können Calciumhydroxid-Lösung selbst herstellen, indem Sie ungelöschten Kalk (CaO; auch Ätzkalk oder gebrannter Kalk genannt) in Form von Brocken oder Pulver kaufen. Geben Sie diesen in Wasser. *Aber Vorsicht!* Es entsteht eine beträchtliche Reaktionswärme. Daher sollten Sie unbedingt erstens ein hitzebeständiges Gefäß (z.B. eine Porzellanschale) mit geeigneter

Unterlage verwenden, zweitens genügend Wasser, damit die Reaktionswärme sofort aufgenommen werden kann. Außerdem sollten Sie eine Schutzbrille und Schutzkleidung tragen, um Verätzungen vorzubeugen. Folgende Umwandlung findet statt:

$$CaO + H_2O \Rightarrow Ca(OH)_2$$

Die für das Brauwasser benötigte Menge an gelöschtem bzw. ungelöschtem Kalk hängt von der Karbonathärte ab. Einen Anhaltspunkt für die Dosierung, bezogen auf 10 Liter Wasser liefert folgende Tabelle:

Karbonathärte in °dH	gelöschter Kalk in Gramm	ungelöschter Kalk in Gramm
10	1,32	1
15	1,98	1,5
20	2,64	2
25	3,3	2,5
30	3,96	3

Dosierung von gelöschtem bzw. ungelöschtem Kalk bei 10 Liter Wasser

Mit der Dosierung müssen Sie vorsichtig sein, denn bei einer zu großen Kalkmenge bleibt ein Überschuss an freier Alkalität. Der Maischeprozess würde aus den bereits erwähnten Gründen erheblich gestört. Überprüfen Sie daher (mit ausreichend genauem Indikatorpapier oder durch Titration), dass der pH-Wert am Ende des Enthärtungsverfahrens nicht über 7 liegt. Ist dies doch der Fall, dann geben Sie solange unter kräftigem Rühren Rohwasser hinzu, bis keine basische Reaktion mehr stattfindet.

Gelöschter und ungelöschter Kalk müssen luftdicht verpackt aufbewahrt werden, sonst reagieren sie vorzeitig mit dem Kohlendioxid der Luft.

Fazit: Enthärtung mit Calciumhydroxid funktioniert ohne Energieaufwand, allerdings unter Verwendung einer Fremdchemikalie, die bei zu hoher Dosierung zu Problemen führen kann. Dieses relativ billige und einfache Verfahren wird häufig praktiziert.

> *Achtung: Bei der Herstellung von Kalkmilch aus Ätzkalk und Wasser ist äußerste Vorsicht geboten, da es sich um eine heftige Reaktion handelt. Es muss unbedingt ungelöschter Kalk in reichlich Wasser gegeben werden, nicht umgekehrt. Das Tragen von Schutzbrille, Handschuhen und evtl. sonstiger Schutzkleidung empfiehlt sich, weil die Gefahr von Verätzungen besteht.*

Aufsalzen mit Calciumsalzen (Calciumsulfat und Calciumchlorid)

Calciumsulfat (Braugips, $CaSO_4$) bewirkt keine Enthärtung des Wassers, sondern sogar eine Erhöhung der Gesamthärte:

$$MgCO_3 + CaSO_4 \Rrightarrow CaCO_3 + MgSO_4$$

Das Calcium des Calciumsulfats bindet nun das Karbonat, welches vorher an Magnesium gebunden war. Statt dem Magnesiumkarbonat (Karbonathärte) haben wir Magnesiumsulfat (Nichtkarbonathärte). So ist die Karbonathärte konstant geblieben, während sich die Nichtkarbonathärte erhöht hat. Das Verhältnis hat sich zugunsten der Nichtkarbonathärte verschoben, wodurch der pH-Wert gesenkt und die Acidität verbessert wird. Außerdem erhöht die Zugabe von Braugips die ausgeglichene Alkalität und senkt die Restalkalität.

Des weiteren verbessert Braugips die Acidität, indem es alkalische Phosphate in saure Phosphate umwandelt:

$$4\ K_2HPO_4 + 3\ CaSO_4 \Rrightarrow Ca_3(PO_4)_2 \downarrow + 2\ KH_2PO_4 + 3\ K_2SO_4$$

Bei diesen Vorgängen entstehen allerdings Bittersalz ($MgSO_4$) und Kaliumsulfat (K_2SO_4), die sich, wenn sie die Wahrnehmungsschwelle erreichen, ungünstig auf den Geschmack auswirken. Man sollte daher nicht mehr als 3 Gramm Braugips pro 10 Liter (30 g/hl) Wasser verwenden, denn dies erhöht den Sulfatgehalt um fast 180 mg/l, wie die folgende Tabelle zeigt.

Restalkalität in °dH	Zugabe CaSO$_4$ g/hl	Sulfatgehalt mg SO$_1^{2-}$/l
−0,5	5,4	+30
−1,0	10,7	+60
−1,5	16,1	+90
−2,0	21,5	+120
−2,5	26,9	+150
−3,0	32,2	+180

Reduzierung der Restalkalität durch Zugabe von Calciumsulfat (Braugips) (Quelle: Hanghofer 1999, S. 122)

Calciumchlorid (CaCl$_2$) arbeitet ähnlich wie Calciumsulfat und wird dem Wasser ebenfalls vor dem Brauen zugegeben. Während Braugips eine trockene Bittere fördert, bewirkt die Zugabe von Calciumchlorid eher einen vollmundigen, weichen und milden Geschmack, denn es begünstigt beim Maischen die Tätigkeit der α-Amylase. Es empfiehlt sich nicht, mehr als 2 Gramm Calciumchlorid pro 10 Liter (20 g/hl) Wasser einzusetzen, weil Edelstahlanlagen ab einer Chlorid-Konzentration von ca. 100 mg/l korrodieren können. Die geschmackliche Wahrnehmungsschwelle liegt bei ca. 300 mg/l.

Restalkalität in °dH	Zugabe Ca$_2$Cl g/hl	Chloridgehalt mg Cl$^-$/l
−0,5	4,6	+22
−1,0	9,2	+44
−1,5	13,8	+66
−2,0	18,4	+89
−2,5	22,9	+111

Reduzierung der Restalkalität durch Zugabe von Calciumchlorid (Quelle: Hanghofer 1999, S. 122)

Fazit: Calciumsulfat und Calciumchlorid erhöhen die Nichtkarbonathärte, verbessern die Acidität und erhöhen die ausgeglichene Alkalität. Das Verfahren ist einfach und billig, aber nicht bei jedem Wasser ausreichend, denn beide Substanzen zusammen reduzieren die Restalkalität um maximal 5 °dH. Eine Kombination mit anderen Verfahren ist allerdings möglich.

Entsalzung durch Ionenaustausch

Im Wasser können jedoch auch störende Salze enthalten sein, die von den bisher beschriebenen Verfahren nicht erfasst werden. Um sie zu entfernen kann man sich des Ionenaustauschs bedienen.

Ionenaustauschanlagen sind Filter, die mit Kunstharzen arbeiten. Es gibt spezielle Anionen- und Kationenaustauscherharze, die, während Wasser durch das Granulat sickert, gezielt Ionen aus dem Wasser durch andere Ionen ersetzen. Irgendwann sind die Austauscher erschöpft und müssen regeneriert werden, u.a. mit verdünnter Salz- oder Schwefelsäure.

Solche Anlagen für den Hausgebrauch gibt es z.B. als „Brita-Wasserfilter" zu kaufen. Allerdings besteht die Gefahr des Verkeimens.

Daher werden die Harze oft gesilbert, und geringe Mengen des giftigen Metalls können in das Wasser gelangen. So ist das Verfahren insgesamt nur unter Vorbehalt zu empfehlen.

> *Fazit: Mit Ionenaustauschern lassen sich unerwünschte Salze aus dem Brauwasser entfernen. Das Wasser kann jedoch mit Keimen oder Schwermetallen belastet werden.*

Weitere Verfahren zur Einstellung von Wasserhärte und pH-Wert

Für weitere Korrekturen von Wasserhärte und pH-Wert sind eine Reihe von Zusatzstoffen in Gebrauch (und unter bestimmten Voraussetzungen erlaubt). Für Hobbybrauer interessant, weil überaus einfach und kostengünstig, ist die Verwendung von Sauermalz:

- Zum Erhöhen des Säuregrades der Maische kann man der Schüttung je nach Bedarf bis zu 5 % Sauermalz, welches einen pH-Wert von ca. 3,5 hat, beimischen. Die Gabe von 4 % *Sauermalz* senkt die Restalkalität um ca. 10 °dH. Ideal für die enzymatische Tätigkeit (mehr dazu im Abschnitt Eiweiß und Enzyme) ist ein Maische-pH (*nicht* Wasser-pH) von 5,4-6,0. Eine weitere Säuerung wirkt sich hingegen nachteilig aus, insbesondere auf die Löslichkeit des Hopfens. Bei einem Maische-pH von 5,2 und niedriger wird der Geschmack des Bieres säuerlich. Bei 5,4 hat die β-Amylase ihr Optimum (was zum maximalen Endvergärungsgrad führt), während die α-Amylase unterhalb von 5,6 nicht mehr so gut arbeitet. Ein niedriger pH-Wert fördert die Zinklösung, wodurch der Hefe wichtige Nährstoffe zugeführt werden, was sie mit einer besseren Gärtätigkeit dankt. Außerdem verbessert ein niedriger pH-Wert die Eiweißausscheidung beim Kochen. Die folgende Grafik fasst diese Effekte zusammen.

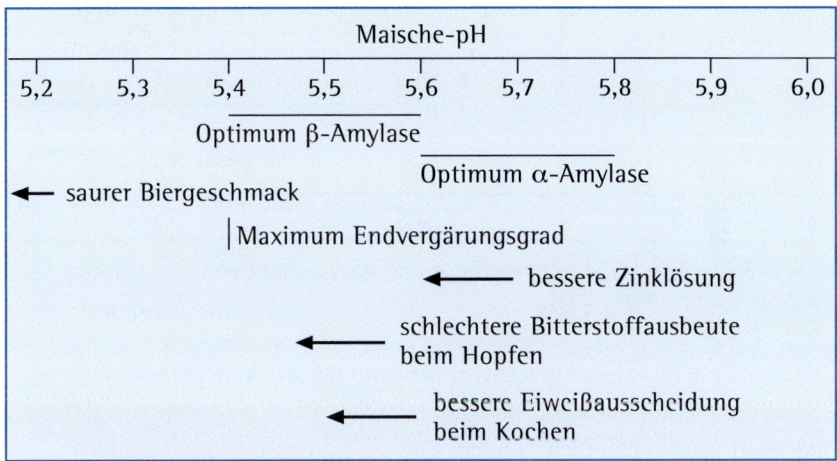

Auswirkungen des MaischepH (nicht Wasser-pH)

- Milchsäure ist der pH-Wert-senkende Bestandteil im Sauermalz. Man kann sie sich aber auch in einer Apotheke besorgen und direkt dem Brauwasser, der Maische oder Würze zugeben (nach dem österreichischen Lebensmittelkodex ist dies gestattet, nach dem deutschen Reinheitsgebot nicht). Wie der Tabelle zu entnehmen ist, reduziert 1 ml einer 80-prozentigen Milchsäure die Restalkalität von 10 Litern Brauwasser um 3 °dH. Die Zugabe sollte möglichst in mehreren Etappen unter kräftigem Rühren erfolgen. Durch die *Säuerung von Maische oder Würze mit biologisch gewonnener Milchsäure* ($C_3H_6O_3$) lässt sich der pH-Wert optimieren und die Restalkalität auf den gewünschten Wert absenken.

Daraus resultieren ein besserer und weicherer Biergeschmack, ein stabilerer Schaum sowie eine hellere Bierfarbe – eben das Gegenteil von dem, was eine hohe Restalkalität bewirkt.

Restalkalität in °dH	Zugabe 80-%iger $C_3H_6O_3$ in ml/hl	Zugabe 40-%iger $C_3H_6O_3$ in ml/hl
−1	3,3	7,1
−2	6,7	14,6
−3	10,0	21,9
−4	13,4	29,2
−5	16,7	36,5
−6	20,1	43,8
−7	23,4	51,1
−8	26,8	58,4
−9	30,1	65,7
−10	33,5	71,0

Reduzierung der Restalkalität durch Zugabe von biologischer Milchsäure
(Quelle: Hanghofer 1999, S. 122)

Übrigens besteht bei sachgerechtem Umgang mit der Milchsäure keine Gefahr der Infektion anderer Biere im Gärkeller, denn die Milchsäurestäbchen überleben das Kochen nicht, zudem sind sie extrem hopfenempfindlich.

- Zur Verringerung der Alkalität kann man das Wasser mit Salzsäure, Schwefelsäure oder Phosphorsäure versetzen, was jedoch erstens nicht dem Reinheitsgebot entspricht und zweitens aufgrund der in solchen Mineralsäuren oft enthaltenen Schwermetalle nicht sinnvoll ist.

- Mit den eben beschriebenen Möglichkeiten ist das Repertoire der Wasseraufbereitung noch lange nicht erschöpft. Zur Verfügung stehen Entsalzung durch Elektrodiarese oder Umkehrosmose sowie Entkeimung mit oder ohne Chemikalienzusatz, z.B. Chlorierung, Ozonung, Silberung, UV-Bestrahlung, Filterung.

Auch die Nitratentfernung aus dem Wasser nimmt an Bedeutung zu. Für Hobbybrauer dürften diese Verfahren im Allgemeinen jedoch eher unpraktikabel sein. Deshalb sei auf eine ausführliche Darstellung verzichtet.

Fazit: Die Verwendung von Sauermalz ist eine einfache und für Hobbybrauer gut geeignete Methode zur Verbesserung der Brauergebnisse bei unzureichender Wasserqualität. Auch der Einsatz von Milchsäure ist praktikabel. Vor der Anwendung weiterer Verfahren sollte man sich über deren Wirkungsweisen allerdings ausführlich in der Fachliteratur informieren.

Malz

> *Warum ist es für Hobbybrauer nützlich, sich mit dem Rohstoff Malz bzw. Getreide zu beschäftigen?*
> - *Auswahl und Kombination verschiedener Malze bestimmen ganz wesentlich die Biersorte.*
> - *Mit der Malzmenge gibt man den späteren Alkoholgehalt des Bieres vor.*
> - *Es gibt sehr unterschiedliche Malze, mit denen man eine Reihe interessanter Effekte erzielen kann.*
> - *Neben dem Malz kann Rohgetreide zur gezielten Verfeinerung des Bieres eingesetzt werden.*

Malz ist ein Sammelbegriff für Getreide, welches vorübergehend zum Keimen gebracht wurde. Während des Keimens bilden sich Enzyme, welche für die beim Maischen stattfindende Umwandlung der Stärke in vergärbaren Zucker sorgen. Malze unterscheiden sich sowohl nach der Getreideart (Gersten-, Weizen-, Roggenmalz usw.) als auch nach der Herstellungsweise. Strenggenommen ist Malz also ein Zwischenprodukt. Für den Brauer können wir es jedoch großzügig als Rohstoff ansehen.

Malz wird in der Mälzerei erzeugt. Prinzipiell könnte ein Hobby- oder gewerblicher Brauer sein Malz durchaus selbst fertigen. Der Aufwand ist allerdings beträchtlich und das Fehlerrisiko hoch. Daher ist man – sofern man nicht über die Sachkenntnis eines Mälzers verfügt – gut beraten, das fertige Produkt zu beziehen und seine Energie und Aufmerksamkeit lieber dem eigentlichen Brauen zu widmen. Recht einfache und nicht allzu riskante Methoden zur Herstellung spezieller, nur in geringen Mengen benötigter Malze (Karamel-, Röstmalze usw.) beschreibt Hanghofer in seinem Buch.

Rohgetreide

Von den vielen Getreidesorten hat sich Gerste für das Brauen als überlegener Grundbestandteil bewährt. Beste mälzungs- und brautechnologische Eigenschaften weist die zweizeilige Sommergerste auf. Sie ist relativ anspruchslos im Anbau, enthält viele Enzyme und trägt besonders gleichmäßige Körner. Sie wird speziell für Brauzwecke angebaut und deshalb auch Braugerste genannt.

Während die meiste Braugerste in Mälzereien weiterverarbeitet wird, können für manche Zwecke auch unvermälzte Gerste und andere Getreide (Rohfrucht) zum Einsatz kommen. Das Bier entspricht dann freilich nicht mehr dem Reinheitsgebot. In Deutschland, Griechenland, Norwegen und der Schweiz ist die Verwendung von Rohfrucht nicht erlaubt. In anderen europäischen Ländern darf der Rohfruchtanteil maximal 30 %, in den USA bis zu 50 % betragen.

Braugerste

Für Hobbybrauer eröffnet die Verwendung von Rohfrucht neue Variationsmöglichkeiten, und da es sich um ein Naturprodukt handelt, ist aus meiner Sicht auch nichts dagegen einzuwenden. Das angebliche Reinheitsgebot kann man ohnehin als PR-Gag der Industrie abtun, denn es hat mit den Vorgaben aus dem Jahr 1516 nur wenig gemeinsam.

Als unvermälztes Getreide enthält die Rohfrucht nur einen geringen Enzymanteil. Um die Umwandlung der Stärke während des Maischens zu ermöglichen, wird die Rohfrucht mit Wasser versetzt und erhitzt. Bei ca. 70-80 °C findet eine Vorverkleisterung statt, d.h. die Stärke wird aufgeschlossen. Anschließend wird die Rohfrucht getrocknet.

Hobbybrauer können vorverkleisterte Rohfrucht, teilweise in Form von Flocken, über den Versand beziehen. Um Probleme mit dem Abbau von Eiweiß und Stärke, der von den Enzymen des Malzes geleistet werden muss, zu vermeiden, sollte der Rohfruchtanteil der Schüttung 20 % nicht überschreiten. Die Enzyme der gleichzeitig mit eingemaischten Malze (oder in Brauereien ein Kochen unter Überdruck bei 110-115 °C) sorgen dann für die erforderliche Verzuckerung.

Folgende Rohfrucht-Getreide stehen zur Verfügung:

Rohfrucht	Wirkung/Einsatz
Gerste	besseres Schaumverhalten, geringerer Endvergärungsgrad, schlechtere Filtrierbarkeit, Gefahr der Trübung (deshalb bei hellen Bieren nicht mehr als 5-6 % Gerste in der Schüttung verwenden)
Weizen	besseres Schaumverhalten, geschmackliche Abrundung
Hafer	cremiger, schwerer Schaum, erhöhte Vollmundigkeit, feines, nussiges Aroma, für helle und dunkle Biere
Mais	(Maisflocken) süßlich-vollmundige Biere
Reis	(Bruchreis) spritzige und trockene Biere, sehr lichte Biere
Hirse	Ersatzstoff bei mangelnder Verfügbarkeit von Malz (z.B. in Afrika)

Mälzen

In der Mälzerei wird das rohe Getreide – hier am Beispiel der Gerste geschildert – zu Malz. Von der Einlagerung der Gerste bis zum fertigen Malz vergehen mehrere Monate, weil nach dem Reinigen, Sortieren und Entstauben der angelieferten Gerste zunächst eine längere Keimruhe nötig ist.

In der Natur bilden reife Körner das Saatgut für die nächste Generation im Folgejahr. Zu Boden gefallene Körner sollen erst im kommenden Frühjahr zu keimen beginnen, nicht bereits im Herbst. Daher ist die Gerste mit einem Selbstschutz ausgestattet, der ein vorzeitiges Keimen nicht zulässt. So bleibt dem Mälzer nichts anderes übrig als die Keimruhe zu respektieren und abzuwarten (wenn er nicht zu diversen chemischen oder physikalischen Tricks greifen will, mit denen man die Gerste überlisten kann).

Ist die Gerste schließlich mälzungsreif (keimfähig), kann sie aus Kapazitätsgründen der Mälzerei oftmals nicht gleich verarbeitet werden, muss also noch weiter lagern. Nun ist größere Sorgfalt nötig, denn die Lagerbedingungen (z.B. Feuchtigkeit und Temperatur) sind so zu steuern, dass die Keimfähigkeit nicht nachlässt, aber auch keine vorzeitige Keimung stattfindet.

Irgendwann ist es endlich soweit. Der Mälzer bereitet die Gerste auf den höheren Zweck ihres Daseins vor – das Bierbrauen. Mit dem Weichen geht es los. Vorsichtig wird der Wassergehalt des Getreides auf über 40 % angehoben. So gaukelt man den Körnern den Frühling vor, und sie beginnen langsam zu keimen (in diesem Stadium spricht man von Spitzmalz).

Keimende Gerstenkörner

Was das Korn nicht weiß: Der Mälzer will gar keine Pflanze haben! Er will auch nicht, dass die Keime einen nennenswerten Anteil des Korninhalts verbrauchen, denn diesen benötigt der Brauer für das Bier.

Wenn die Wurzelkeime einige Millimeter weit aus dem stumpfen Ende des Korns herausgetreten sind, der Blattkeim am spitzen Ende des Korns (man nennt es jetzt Grünmalz) aber noch nicht sichtbar ist, bereitet der Mälzer dem ach so kurzen Leben ein jähes Ende. Während des Keimens haben im Korn einige Umwandlungen stattgefunden. Die wichtigsten sind Enzymbildung, Lösung von Eiweiß und Stärke und Veränderungen der Zellstrukturen. Diesen Zustand möchte der Mälzer im richtigen Moment fixieren, und so trocknet er das Grünmalz. Damit ist es nicht mehr grün, sondern nur noch Malz. C'est la vie.

Das Trocknen heißt Darren. Es beendet nicht nur den Keimvorgang, sondern dient gleichzeitig der Bildung charakteristischer Aroma- und Farbstoffe. Zunächst wird das noch sehr feuchte Malz (Grünmalz enthält immerhin ca. 45 % Wasser) bei Temperaturen von ca. 45-55 °C mit hohem Luftdurchsatz geschwelkt, um einen großen Teil des Wassers zu entfernen. Dann – beim eigentlichen Darren – erhöht man die Temperatur und reduziert den Luftstrom. Der genaue Ablauf hängt von der gewünschten Malzsorte ab. Dabei wird der Wassergehalt auf 3-5 % reduziert.

Es gibt allerdings einige Variationen. *Rauchmalz* wird vor dem Darren geräuchert. *Sauermalz* durchläuft vor dem Darren eine biologische Säuerung. Um dunkle *Röstmalze* (früher auch *Farbmalze* genannt) zu erhalten, wird das Malz nach dem Darren bei bis zu 250 °C geröstet.

Karamelmalze werden größtenteils nicht gedarrt. Stattdessen wird das Grünmalz in speziellen Rösttrommeln zur Verzuckerung und Karamelisierung erhitzt. Dabei entstehen die gewünschte Farbe und das Karamelaroma. Anschließend werden diese Malze bei hohen Temperaturen geröstet (wobei der Wassergehalt auf 4-6 % zurück geht). Das hellste Karamelmalz (Carapils®) wird lediglich gedarrt.

Melanoidinmalz, welches der Erzielung einer rötlichen Bierfarbe dient, wird zunächst ebenfalls nicht gedarrt. Der Keimvorgang hört nach beendeter Belüftung auf. Die Keimlinge ersticken am CO_2, ihrem eigenen Stoffwechselprodukt. Durch die Eigenwärme (40-50 °C) bauen sich Eiweiß- und Zuckersubstanzen ab und das Korninnere verflüssigt sich teilweise. Danach wird das Melanoidinmalz nicht wie Karamel- und Röstmalz geröstet, sondern wie helles Malz gedarrt.

Je dunkler das Malz, desto weniger Enzyme enthält es. Dafür verleiht es dem Bier neben der intensiveren Farbe einen malzigen oder karameligen Geschmack. Röstmalz enthält viele Röstprodukte, die einen bitteren, brenzligen Geschmack ins Bier bringen, und daher eine vorsichtige Dosierung nötig machen.

Malz- und Bierfarbe

Für die Beschreibung der Malz- oder Bierfarbe – gemeint ist die Farbintensität – hat sich die EBC-Skala (EBC = European Brewery Convention – nicht, wie gelegentlich behauptet, European Beer Colour) durchgesetzt. Hier einige Beispiele nach Spezifikationen der Mälzerei Weyermann® (die Bezeichnungen „CARA®..." für Karamelmalze sind übrigens eingetragene Warenzeichen):

Braumalz	Farbe (EBC)
Pilsner Malz	2,5-3
Wiener Malz	5-8
Münchner Malz	Typ I: 12-19 • Typ II: 20-25
CARAPILS®	3-5
CARAHELL®	20-30
CARAMÜNCH®	Typ I: 80-100 • Typ II: 110-130 • Typ III: 140-160
CARARED®	40-60
CARAAMBER®	60-80
CARAAROMA®	300-400
CARAFA®	Typ I: 800-900 • Typ II: 1000-1200 • Typ III: 1300-1500
Röstmalz	800-1500
Melanoidinmalz	60-80
Weizenbraumalz hell	2-4
Weizenbraumalz dunkel	15-20
Weizenkaramelmalz	100-140
Weizenröstmalz	Typ I: 1000-1200
Roggenmalz	6-10
Roggenkaramelmalz	80-100
Roggenröstmalz	500-800
Rauchmalz	4-8
Sauermalz	3-6

Gelegentlich wird bei Rezepten der EBC-Wert für die Schüttung vorgegeben, um eine bestimmte Bierfarbe zu erhalten. Die Malze sind dann so zu mischen, dass die Vorgabe genau erreicht wird. Wollen Sie die Farbe Ihrer Schüttung berechnen, müssen Sie nach folgendere Formel einfach den Mittelwert bilden, wobei die Daten jedes einzelnen Malzes im Zähler und das Gesamtgewicht der Schüttung im Nenner einzutragen sind:

$$\text{Bierfarbe (EBC)} = \frac{\text{Summe (Gewicht}_{Malz} \times \text{EBC}_{Malz})}{\text{Gewicht}_{Schüttung}}$$

Formel für die Berechnung der Bierfarbe

Das Gewicht sämtlicher Komponenten muss natürlich einheitlich entweder in Gramm oder in Kilo angegeben werden. Wenn Sie beispielsweise 3,9 kg Pilsener Malz (3 EBC), 0,3 kg Caramünch (150 EBC) und 0,5 kg Melanoidinmalz (80 EBC) als Schüttung nehmen, lautet die Rechnung:

$$\frac{(3,9 \times 3) + (0,3 \times 150) + (0,5 \times 80)}{4,7} = 20,6$$

Beispiel für die Berechnung der Bierfarbe

Mit dieser Schüttung erhalten Sie ein kupferfarbenes Bier. Dabei ist allerdings zu bedenken, dass die Bierfarbe durch die Würzebereitung um mindestens zwei EBC-Einheiten zunimmt. Den subjektiven Farbeindruck gibt die folgende Skala (nach Hanghofer) wieder:

Farbeindruck	Bierfarbe (ECB)
Hell	4-8
Gold-Orange	8-12
Bernstein-Amber	12-20
Kupfer	20-35
Braun	35-60
Schwarz	über 60

Subjektiver Eindruck der Bierfarbe

Einflüsse, die das Bier wesentlich dunkler machen können („Zufärbung"), sind z.T. in anderen Kapiteln behandelt. Dazu gehören:

- ein höherer pH-Wert des Brauwassers (siehe das Kapitel über Wasser);
- die Auslaugung zu stark zerkleinerter Spelzen (siehe unten);
- die Gussführung (siehe das Kapitel über das Maischen);
- das Kochen von Teilmaischen beim Dekoktionsverfahren (siehe das Kapitel über das Maischen);
- zuviel Lufteintrag in die heiße Würze;
- zu langes Kochen (Wasserverdampfung über 15 %).

Malze

In meinem Buch „Selber Bier brauen" sind eine Reihe gängiger Malze samt Verwendungsmöglichkeiten dargestellt. Diese Tabelle muss aktualisiert werden, denn inzwischen sind einige Jahre ins Land gegangen, und auch Mälzer verbessern ihre Erzeugnisse. Außerdem fehlen dort eine Reihe spezieller Malze, weil sie den Rahmen gesprengt hätten. Sie seien hier nachgeliefert, denn sie eröffnen fortgeschrittenen Hobbybrauern interessante Möglichkeiten zur Veränderung bzw. Verfeinerung der einzelnen Biere. Allerdings ist zu bedenken, dass die Spezifikationen sich mit der Qualität der Ernte von Jahr zu Jahr ein wenig verändern können.

Verschiedene Malzsorten der Mälzerei Mich. Weyermann®, Bamberg.

Braumalz	Einsatz	Zugabe	Ziel
Pilsner Malz	• Pilsnerbiere • jeder sonstige Biertyp	100 %	
Wiener Malz	• Exportbier • Märzenbiere • Festbiere • Hausbräubiere	100 %	Erzielung „goldfarbiger Biere" und Förderung der Vollmundigkeit
Münchner Malz	• Dunkle Biere • Festbiere • Starkbiere • Malzbiere • Schwarzbiere	bis zu 100 %	• Unterstreichung des typischen Biercharakters durch Aromaverstärkung • Erzielung einer kräftigen Bierfarbe
Melanoidinmalz	• Weißbiere • Bockbiere • Dunkle Biere • Rote Biere • Amber Biere	bis zu 20 %	• mehr Geschmacksstabilität • mehr Vollmundigkeit • Abrundung der Bierfarbe • rötliche Bierfarbe • Optimierung der Maischarbeit
Sauermalz pH 3,4-3,5	• Pilsnerbiere • Leichtbiere • Schankbiere	bis 5 %	• Absenkung des Würze-ph, dadurch Intensivierung der Gärung sowie lichtere Bierfarben bei Pilsnerbieren • bessere biologische Stabilität • mehr Geschmacksstabilität • Runder Biergeschmack
Spitzmalz	Zur Kompensation von zu weit gelösten Braumalzen	max. 15-20 %	Verbesserung der Schaumstabilität
Rauchmalz	• Rauchbiere • Lagerbiere • Kellerbiere • Bierspezialitäten	bis zu 100 %	Erzielung des typischen Rauchgeschmackes
CARAPILS®	• Pilsbiere • Alkoholreduzierte Biere • Leichtbiere	3-40 %	• Verbesserung von Schaum und Schaumhaltbarkeit • Hebung der Vollmundigkeit

Braumalz	Einsatz	Zugabe	Ziel
CARAHELL®	• Helle Biere • Festbiere • Nährbiere	10-15 %	• Hebung der Vollmundigkeit • Intensivierung des Malzaromas • Günstige Beeinflussung des Bierschaumes
	• Leichtbiere • Alkoholreduzierte Biere • Alkoholfreie Biere	bis zu 40 %	• vollerer, runderer Geschmack • sattere Bierfarben
CARA-MÜNCH®	• Dunkle Biere • Festbiere • Malzbiere • Nährbiere • Schankbiere • Leichtbiere	5-10 % bei dunklen Bieren 1-5 % bei hellen Bieren	• Hebung der Vollmundigkeit • Intensivierung des Malzaromas • vollerer, runderer Geschmack • sattere Bierfarben
CARARED®	• Braunbiere • Bockbiere • Amberbiere • Altbier • Weißbier • Red Ale • Scottish Ale	bis zu 25 %	• Hebung der Vollmundigkeit • Intensivierung des Malzaromas • dunklere Bierfarben • rötliche Bierfarbe
CARAAMBER®	• Bockbiere • Dunkle Biere • Rote Biere • Amberbiere • Amber Lager • Amber Ale	bis zu 20 %	• mehr Geschmacksstabilität • bessere Vollmundigkeit • Abrundung der Bierfarbe • rötliche Bierfarbe • Optimierung der Maischarbeit
CARAAROMA®	• Braunbiere • Bockbiere • Amberbiere • Dunkle Lagerbiere • Dark Ale • Stout • Porter	bis zu 15 %	• Hebung der Vollmundigkeit • Intensivierung des Malzaromas • dunklere Bierfarben • rötliche Bierfarbe

Braumalz	Einsatz	Zugabe	Ziel
CARAFA® (Farbmalz) ---------- CARAFA spezial® aus entspelzter Gerste	• Dunkle Biere, z.B. Münchner oder Kulmbacher Typ • Starkbiere • Altbiere • Bockbiere	1-5 %	Intensivierung des typischen Aromas dunkler Biere sowie der Bierfarbe
Röstmalz (verschieden dunkle Sorten)	• Dunkle Biere • Starkbiere • Altbiere	1-3 %	Intensivierung des typischen Aromas dunkler Biere sowie der Bierfarbe
Weizenbraumalz hell oder dunkel	• Weizenbiere • Kölschbiere • Altbiere • Obergärige Schank-, Leicht-, Alkoholreduzierte, Alkoholfreie Biere	bis zu 70 %	• Förderung des typischen obergärigen Aromas • Erzielung schlanker, spritziger Biere • Unterstreichung des typischen Weizenaromas
Weizenkaramelmalz	Obergärige Biere	bis zu 15 %	• mehr Vollmundigkeit • Intensivierung des Weizenmalzaromas • Dunklere Bierfarben
Weizenröstmalz	Nur für obergärige Biere wie Altbiere oder dunklere Weizenbiere	1-5 %	Intensivierung des typischen Aromas dunkler, obergäriger Biere sowie der Bierfarbe
Roggenmalz	• Spezialbiere • Mehrkornbiere • Roggenbiere	50 %	Typischer, aromatischer Roggenmalzgeschmack
Roggenkaramelmalz	• Obergärige Spezialbiere • Backwaren	bis zu 10 %	• Intensivierung des Roggenmalzaromas • Dunklere Bierfarben
Roggenröstmalz	Obergärige Spezialbiere	1-5 %	Intensivierung des typischen Aromas dunkler, obergäriger Biere sowie der Bierfarbe

Ein weiteres Produkt ist entbittertes Röstmalzbier, welches die Firma Weyermann® unter der Bezeichnung SINAMAR® (Farbe/EBC 8000-9000; pH-Wert 4,0-4,5) anbietet. Dieses Farbkonzentrat ist wie dunkles Bier gebraut und dann unter Vakuum eingedickt worden. Es kann der Würze in heißem oder kaltem Zustand, etwa beim Anstellen, beigemengt werden, um dem Bier ohne aufdringlichen Röstgeschmack (brenzlig) zu dunkler Farbe zu verhelfen. Da es wie Bier aus biertypischen Rohstoffen gefertigt wurde, entspricht es dem Reinheitsgebot und muss nicht gesondert deklariert werden.

Röstmalzbier

Für die Dosierung gilt: 14 g Röstmalzbier (1 Liter wiegt 1,12 kg) machen 1 hl Würze um 1 EBC, also 20 Liter um 5 EBC dunkler. Vereinfacht kann man auch sagen: 1 % Röstmalzbier (auf die Würzemenge bezogen, also z.B. 200 ml bei einem 20-Liter-Sud) machen aus einem hellen ein richtig dunkles Bier. SINAMAR® kann auch zur Färbung anderer Lebensmittel (z.B. Brot und Backwaren) verwendet werden.

Schroten

Vor dem Einmaischen muss das Malz geschrotet werden. Genau genommen wird es mehr gequetscht als gemahlen, um die Spelzen möglichst zu erhalten. Brauereien verfügen über spezielle Mühlen mit vier oder sechs Walzen und Siebe mit unterschiedlicher Maschenweite. Diese zerlegen das Malz in seine Bestandteile (Spelzen, Grobgrieß, Feingrieß, Mehl und Pudermehl). So erreicht man eine optimale Extraktgewinnung und optimiert gleichzeitig die Verarbeitbarkeit im Maischprozess.

Der Hobbybrauer erzielt natürlich auch mit einfacher Technik gute Resultate. Sofern er über eine eigene Mühle verfügt, kann er wohl den Abstand der Walzen und damit die Feinheit des Schrots einstellen. Eine Trennung der Bestandteile wird in der Regel aber unterbleiben.

Ob nun feineres oder groberes Schroten von Vorteil ist, lässt sich nicht so eindeutig sagen. Feine Grieße und Mehle weisen einen höheren Zerteilungsgrad auf. Sie lösen sich besser, die Enzyme werden schneller freigesetzt, das Maischen insgesamt beschleunigt.

Beim Läutern bekommt man jedoch die Rechnung präsentiert. Der Treber wird dichter und weniger durchlässig, die Extraktgewinnung schwieriger. Entweder gleicht man diese Probleme durch sorgfältiges Aufhacken und Anschwänzen aus, oder man schrotet das Malz gar nicht erst so fein.

Ohnehin ist eine Zerkleinerung der Spelzen zu vermeiden. Grobe Spelzen lockern den Treber auf und erleichtern das Läutern. Die Spelzen werden weniger ausgelaugt, das Bier erhält einen milderen Geschmack. Aus zerkleinerten Spelzen hingegen werden unnötig viele Gerb-, Bitter- und Farbstoffe gelöst. Diese wirken sich nachteilig auf Farbe und Geschmack des Bieres aus.

Haben wir endlich unser Malz in das Wasser gegeben, beginnt mit der Maischarbeit die vielleicht wichtigste Phase des Brauens. Hier werden die Weichen für die Qualität des Bieres gestellt.

Maischen

> *Warum ist es für Hobbybrauer nützlich, die beim Maischen ablaufenden Vorgänge wenigstens teilweise zu kennen?*
> - *Bei der Entwicklung eigener oder der Abwandlung übernommener Rezepte kann die Gussführung optimiert werden.*
> - *Im Malz enthaltene Enzyme sorgen während des Maischens für die Aufspaltung der Stärke in verschiedene Zuckerarten. Gezielte Eingriffe in die Maischarbeit verändern die Zusammensetzung des Extraktes und beeinflussen Gärverlauf und Geschmack des Bieres.*
> - *Es stehen verschiedene Maischverfahren zur Auswahl.*

Wir führen unsere Brauprotokolle, um bei dem erst Wochen nach dem Brauen vorliegenden Ergebnis – denn solange benötigt das Bier in der Regel, bis sich seine Qualität beurteilen lässt – den Herstellungsprozess rekonstruieren zu können. Den meisten Raum im Protokoll nimmt das Maischen ein, welches uns immerhin runde drei Stunden lang beschäftigt.

Hier stellt sich die Frage: Beherrscht das Maischen uns, oder beherrschen wir das Maischen (wenigstens ein bisschen)? Im ersten Fall maischen wir streng nach Vorgabe. Vorsichtshalber genau so, wie es im Rezept steht, weil wir nicht wissen, was wir anders machen können. Im zweiten Fall nehmen wir gezielte Veränderungen vor, um dem Bier bestimmte Eigenschaften zu verleihen. Damit uns dies gelingt, brauchen wir Grundkenntnisse über die beim Maischen stattfindenden Umwandlungsprozesse. Mit ihnen befassen wir uns in diesem Kapitel.

Gussführung

Zunächst stellt sich die Frage der Gussführung, also der Verteilung der Wassermenge auf Haupt- und Nachguss. Die Gesamtmenge ist ungefähr konstant. Ist der Hauptguss größer, fällt der Nachguss geringer aus und umgekehrt. Dabei gibt es grundsätzliche Unterschiede zwischen hellen und dunklen Bieren.

Ein größerer Hauptguss sorgt für eine dünnere Maische. Die enzymatische Tätigkeit wird zum Teil erleichtert und beschleunigt, teilweise aber auch erschwert. Insgesamt fällt sie bei dünnen Maischen anders aus als bei dicken Maischen. Bei dünner Maische verbleibt nach dem Läutern weniger Vorderwürzeextrakt im Treber, der Nachguss kann geringer ausfallen und aus dem Treber werden weniger unedle Bestandteile gelöst. Dies bewirkt eine hellere Farbe und einen weicheren Geschmack und ist vor allem für helle und hopfenbetonte Biere geeignet. Bei hellen Bieren also sollte der Hauptguss 4 bis 5 Liter Wasser pro Kilo Malz betragen.

Bei einem kleineren Hauptguss haben wir eine konzentriertere Maische. Sie hinterlässt mehr Extrakt im Treber und erfordert einen größeren Nachguss. Dabei wird der Treber stärker ausgelaugt, der Biergeschmack vollmundiger und kerniger. Bei dunklen Bieren ist das erwünscht, deshalb nimmt man hier für den Hauptguss nur 3 bis 3,5 Liter Wasser pro Kilo Malz.

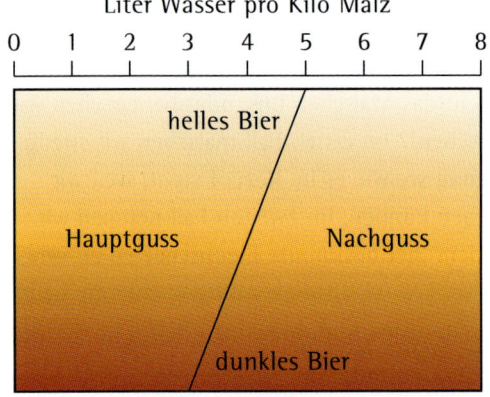

Verhältnis von Haupt- und Nachguss für ca. 12 % Stammwürze (Schema): Ein Lineal, waagerecht über das Schema gelegt, zeigt das ungefähre Verhältnis für die jeweilige Bierfarbe an.

Die Gesamtmenge von Haupt- und Nachguss sollte bei einem Bier mit ca. 12 % Stammwürze bei ungefähr 8 Litern Wasser pro Kilo Malz liegen. Die Nachgussmenge ergibt sich also fast automatisch aus dem Hauptguss.

Allerdings gilt dies nicht für eine beliebige Sudmenge, denn die Oberfläche, für Wasserverluste durch Verdunstung während des Maischens und vor allem während des Kochens ausschlaggebend, bleibt gleich groß, ob ein Sudkessel nun viertel, halb oder ganz voll ist. Daher muss man für kleinere Sude relativ mehr Wasser nehmen. Andererseits soll ein Starkbier stärker werden, also braucht man weniger Wasser pro Kilo Malz.

Deshalb muss jeder Brauer, abhängig u.a. von der Größe und Form der Sudpfanne sowie von der Heizleistung seiner Wärmequelle, sich an die optimale Wassermenge für seine Sudanlage heranpirschen. Nach zwei bis drei Suden sollten aber gute Erfahrungswerte vorliegen.

Eiweiß und Enzyme

Eine umfangreiche Stoffgruppe sind die Eiweiße. Für uns Bierbrauer sind sie wichtig, wenn auch teilweise nur, weil wir sie mit einem gewissen Aufwand zu entfernen versuchen.

Eiweiße bestehen aus Aminosäuren. Dies sind die kleinsten Bausteine. Hängen bis zu 10 Aminosäuren zusammen, spricht man von Oligopeptiden. Längere Sequenzen von Aminosäuren nennt man Polypeptide. Ab einer bestimmten Molekülgröße spricht man von Proteinen.

Enzyme sind besondere Proteine. Sie bewirken bestimmte biologische Prozesse ohne sich selbst dabei zu verändern. Ihre Tätigkeit ist auf ein bestimmtes Milieu (pH-Wert, Temperatur) angewiesen. Bei höheren Temperaturen werden sie inaktiviert, also zerstört. Die folgende Tabelle zeigt, welche Enzyme für das Brauen von größerer Bedeutung sind:

Enzym	pH-Opt.	Temperatur-opt. in °C	Inaktivierung °C	Spaltung	Produkte
Eiweißabbau:					
Endopeptidase	3,9/5,5	45-50	60	Peptide	kürzere Peptide
Carboxypeptidase	4,8-5,6	50	70	Peptide	Aminosäuren
Aminopeptidase	7,0-7,2	45	55	Peptide	Aminosäuren
Dipeptidase	8,8	45	50	Dipeptide	2 Aminosäuren
Stärkeabbau:					
β-Amylase	5,4-5,6	60-65	70	Stärke	Maltose
α-Amylase	5,6-5,8	70-75	80	Stärke	Dextrine
Grenzdextrinase	5,1	55-60	65	Stärke	Dextrine
Maltase	6,0	35-40	40	Maltose	2 Glucose
Saccharinase	5,5	50	55	Saccharose	Glucose, Fructose

Die wichtigsten Enzyme beim Maischen und ihre Optimalbereiche (Quelle: Heyse 1994, S. 110)

Für die Umwandlung von Stärke in Zucker sind β-Amylase (Beta- oder saccharogene Amylase) und α-Amylase (Alpha- oder dextrinogene Amylase) die wichtigsten. Sie erzeugen Maltose und Dextrin. Die β-Amylase spaltet Stärke am Ende der Molekülketten in Maltose, den vergärbaren Zucker. Die α-Amylase spaltet Stärke in der Mitte der Ketten in Dextrine, liefert für β-Amylase angreifbare Dextrine und ist verantwortlich für Vollständigkeit und Dauer der Verzuckerung.

Ein aufmerksames Studium der Enzyme und ihrer Wirkungsweisen verrät uns beispielsweise, dass die Maltoserast (bei 60-65 °C) von größter Bedeutung für die Süße des Bieres ist. Stärke kann nur einmal abgebaut werden, und sie wird entweder zu Maltose oder zu Dextrin reduziert. Je länger die Maltoserast dauert, desto mehr Maltose bildet sich und desto weniger Stärke bleibt für die Dextrinbildung übrig. Da nun das Dextrin als nichtvergärbarer Zucker die Süße unseres Bieres bestimmt, bedeutet weniger Dextrin zugleich eine Verringerung derselben. Ein Unterschied in der Rastdauer von lediglich zehn Minuten wirkt hier wahre Wunder. Für ein süßes, vollmundiges Bier genügen 30 Minuten Rast. Ein trockenes Bier hingegen gewinnt man durch eine 40-minütige Maltoserast.

30 Minuten	MALTOSERAST	40 Minuten
	Bei einer Verlängerung der Maltoserast (65-65 °C) nimmt die Maltosebildung zu...	
	...woraufhin die Dextrinbildung in den folgenden Verzuckerungsrasten (über 70 °C) abnimmt – und umgekehrt.	
hoch	VOLLMUNDIGKEIT	gering

Zusammenhang von Maltoserast und Vollmundigkeit

Eine Verlängerung der Maltoserast reduziert die Vollmundigkeit des Bieres. Eine Verkürzung der Maltoserast erhöht seine Vollmundigkeit.

Dunkle Malze enthalten weniger Enzyme als helle Malze. Sie verzuckern langsamer und weniger vollständig. Dunkle Biere weisen daher in der Regel einen niedrigeren Endvergärungsgrad (68-75 %) auf als helle Biere (78-85 %).

Konzentrierte Maische

Hobbybrauer mit einem gewöhnlichen 29-Liter-Einkochtopf als Sudpfanne können aufgrund dieser Beschränkung kaum mehr als 20 Liter Bier pro Sud erzeugen. Da bietet es sich an, die Maische konzentrierter, also unter Verwendung einer größeren Malzmenge herzustellen, und diese nach dem Kochen mit Wasser auf das gewünschte Maß zu verdünnen. Grundsätzlich spricht nichts gegen diese Vorgehensweise, die als „High-gravity-brewing" bekannt und im Ausland durchaus gebräuchlich ist. Allerdings sind einige Punkte zu bedenken:

- Bei der Vergärung einer stärkeren Würze entstehen aufgrund der schlechteren Hefevermehrung verstärkt Gärungsnebenprodukte (höhere Alkohole, Ester). Ein esterig-fruchtiger Geschmack ist auch nach der Verdünnung noch erkennbar. Dieser ist nicht unangenehm, sondern in untergärigen Bieren lediglich ungewohnt. Für manche obergärige Biere wie Weizenbier ist er sogar typisch und erwünscht. Wenn man die Würze jedoch bereits vor dem Anstellen rückverdünnt, dürfte der Effekt nicht auftreten.

- Bei geringfügiger Rückverdünnung und optimalem Verlauf gibt es kaum Probleme. Die zusätzlich gebildeten Gärungsnebenprodukte liegen innerhalb der Fehlertoleranz (was eher für Brauereien als für Hobbybrauer von Bedeutung ist).
- Die Bierstabilität (Haltbarkeit) verbessert sich sogar, weil die Trubstoffkonzentration durch die Zugabe reinen Wassers verringert wird.
- Hopfenaroma, Schaumbildung und -stabilität können bei größerer Verdünnung spürbar leiden. Dies lässt sich durch die Zugabe isomerisierten Hopfenextrakts oder/und von Hopfenöl teilweise kompensieren, was jedoch nicht dem Reinheitsgebot entspricht.

Aus theoretischer Sicht ist eine Konzentration um 10 bis 15 % relativ ungefährlich. Tatsächlich sind in der Praxis aber bis zu 30 % üblich. Wie ist also zu verfahren, um möglichst wirtschaftlich zu arbeiten, ohne dabei qualitative Einbußen hinnehmen zu müssen? Dies sei am *Beispiel einer 15-prozentigen Konzentration* gezeigt:

- Richten Sie die Wassermenge auf einen 20-Liter-Sud aus (ca. 30 Liter für Haupt- und Nachguss), denn mehr passt nicht in den Einkochtopf.
- Nehmen Sie 15 % mehr Malz für die Schüttung.
- Erhöhen Sie die Hopfenmenge um das 1,5-fache der Konzentration (bei einer Konzentration von 15 % also um ca. 22,5 %), um die schlechtere Bitterstofflösung in der stärkeren Würze zu kompensieren.
- Geben Sie *nach dem Ausschlagen* drei Liter (15 % auf 20 Liter zum Rückverdünnen) kaltes Wasser in die noch heiße Würze (so beschleunigen Sie obendrein die Kühlung). Da nun keine konzentrierte, sondern die bereits rückverdünnte Würze in Gärung geht, hat sich das Problem der schlechteren Hefevermehrung mit ihren Nebeneffekten erledigt.

Die zusätzliche Ausbeute hält sich bei einer Verdünnung um 15 % zwar in Grenzen, aber da der gewissenhafte Brauer jeden Tropfen ehrt, ist dies durchaus als interessante Anregung zu verstehen.

Dekoktionsverfahren

Im Allgemeinen braue ich nach dem Infusionsverfahren, bei dem die gesamte Maische im Kessel von einer Temperaturstufe auf die nächste erwärmt wird. Dieses Brauverfahren ist einfach und unproblematisch. Viele Brauer schwören jedoch auf das Dekoktions- oder Mehr-Maisch-Verfahren, welches letztlich nicht sehr viel mehr Umstände bereitet, jedoch zu etwas anderen Ergebnissen führt. Es kommt beispielsweise bei Brauanlagen zum Einsatz, deren Maischebottich nicht beheizbar ist. Der Name kommt vom lateinischen decoctus für *ab-* oder *ausgekocht*. Einmal oder mehrmals wird eine Teilmaische zum Kochen gebracht und anschließend der Bottichmaische wieder zugebrüht. Die Maische wird also nicht durch Erwärmen, sondern durch die Zugabe von Kochmaische auf die nächste Temperaturstufe gebracht.

Das Kochen einer Teilmaische bewirkt folgende Unterschiede gegenüber dem Infusionsverfahren:

- Durch die verstärkte Hitzeeinwirkung wird mehr Stärke aus dem Malz gelöst. Die Zuckerausbeute erhöht sich.
- Es werden auch mehr und andere Geschmacksstoffe aus dem Malz gelöst. Der Geschmack des Bieres ändert sich und wird kerniger, was vor allem bei dunklen Bieren gewünscht sein kann.
- Mehr gelöste Gerbstoffe sorgen für eine dunklere Bierfarbe. Für hellere Biere verkürzt man daher die Kochdauer oder reduziert die Menge der Kochmaische.
- Ein Teil der Eiweiße, die sonst erst während des Hopfenkochens koagulieren, verklumpt bereits während des Maischekochens. Dieser Eiweißbruch kann bereits beim Läutern herausgefiltert werden, wodurch die Kochwürze klarer wird.
- In der Kochmaische werden viele Enzyme zerstört. Der Schaden hält sich freilich in Grenzen, weil ein Teil ihrer Arbeit durch die Hitzeeinwirkung übernommen wird. Es warten außerdem genügend Enzyme in der Bottichmaische, um den nötigen Stoffabbau sicher zu stellen. Dennoch sollte man seine Jodproben gewissenhaft durchführen. Eventuell müssen die Rastzeiten verlängert werden.
- Die meisten Enzyme sind in der Würze gelöst. Andererseits soll das Kochen vor allem auf das Malz mit den darin enthaltenen Substanzen wirken.

Daher entnimmt man als Kochmaische nicht einen beliebigen Teil, sondern einen möglichst dicken, das heißt schrothaltigen Anteil, die *Dickmaische*, mit einem Sieb.

- Zum Abmaischen, um also 78 °C zu erreichen, ist es jedoch nicht mehr gewünscht, allzu viel Stärke aus dem Malz zu lösen. Wer auf dieser Stufe eine Teilmaische entnimmt, zieht besser eine *Dünnmaische* mit möglichst viel Flüssigkeit und wenig Malz.

Entnahme einer Teilmaische (hier: Dickmaische)

Beim Dekoktionsverfahren kann man ein-, zwei- oder dreimal eine Teilmaische entnehmen und kochen. Dann spricht man vom Ein-, Zwei- oder Dreimaischverfahren. Es lassen sich Zeitpunkt, Menge und Zusammensetzung der Kochmaischen, die Kochdauer sowie das Erhitzen variieren, so dass hier viel Raum zum Experimentieren besteht.

Nun stellt sich die Frage nach der Berechnung der Menge einer Kochmaische. Hierbei hilft folgende Formel:

$$\text{Kochmaische (l)} = \frac{\text{Zieltemperatur} - \text{Ausgangstemperatur}}{\text{Kochtemperatur} - \text{Ausgangstemperatur}} \times \text{Maische (l)}$$

Formel für die Berechnung einer Kochmaische

Wollen Sie z.B. zwischen Eiweißrast (Ausgangstemperatur 55 °C) und Maltoserast (Zieltemperatur 64 °C) bei einer Maischemenge von 20 Litern eine Kochmaische ziehen (die bei 95 °C kocht), sieht die Rechnung folgendermaßen aus:

$$\text{Kochmaische (l)} = \frac{64\ °C - 55\ °C}{95\ °C - 55\ °C} \times 20\ l = 4{,}5\ \text{Liter}$$

Beispiel für die Berechnung einer Kochmaische

Diese Rechnung berücksichtigt allerdings nicht, dass zur thermischen Masse des Gesamtsystems auch der Topf gehört, der ebenfalls zu erwärmen ist. Daher muss man eventuell noch etwas nachheizen, um die Zieltemperatur zu erreichen, oder etwas mehr Kochmaische ziehen. In der Praxis zeigt sich, dass man die errechnete Menge an Kochmaische großzügig aufrunden kann.

Ebenfalls nicht berücksichtigt wird die zusätzliche Verdunstung von Wasser beim Kochen der Teilmaische. Sie kann durch einen größeren Hauptguss oder die Zugabe von Wasser zu einem anderen Zeitpunkt ausgeglichen werden. Schließlich ist zu bedenken, dass allein das Erhitzen von immerhin 4,5 Litern Maische (nach obigem Beispiel – bei größeren Suden entsprechend mehr) auf die nötigen 95 °C Kochtemperatur mit einem beträchtlichen Zeitaufwand verbunden ist.

Sudhausausbeute

Immer wieder werde ich von kostenbewussten Kursteilnehmern gefragt, ob man eine Bierspindel unbedingt braucht. Nun ja, was braucht man unbedingt? Bier etwa? Meine Antwort lautet in der Regel, dass unser Bier durch das Spindeln an sich nicht besser oder schlechter wird. Wie die Jodprobe sagt uns das Spindeln einfach nur, ob wir gut oder schlecht gearbeitet haben. Von steuerlichen Gesichtspunkten (zur Steuerberechnung müssen wir die Stammwürze natürlich wissen) abgesehen – unter normalen Umständen führen wir die Jodproben durch und ermitteln die Stammwürze, nehmen die Werte zur Kenntnis und fahren fort.

Aber: Fällt das Ergebnis nicht den Erwartungen oder Vorgaben gemäß aus, sollten wir uns Gedanken über mögliche Fehlerquellen machen. Fehlerquellen gibt es viele: Fehlmessungen durch nachlässiges Rühren oder defekte Thermometer, verkehrte Rasten usw., alles schon erlebte Anlässe für

verzweifelte Hobbybrauer, bei mir anzurufen und Rat einzuholen. Insofern ist es überaus nützlich, Kontrollmechanismen einzubauen, die aufgetretene Fehler sichtbar machen. Allein aus diesem Grund sollten Jodproben und Spindeln auch von erfahrenen Brauern stets gewissenhaft durchgeführt werden.

Profi-Würzespindel mit Thermometer:
Bei Verwendung einer solchen Spindel mit Korrekturskala lassen sich alle relevanten Daten (Extraktgehalt, Temperatur, Korrekturwerte; siehe die Tabelle im Anhang) an einem Gerät ablesen.

Über derartige Fragen ist der fortgeschrittene Hobbybrauer längst hinaus. Er kann sich „höheren" Dingen widmen, beispielsweise der Sudhausausbeute, und damit einer Optimierung der Maischarbeit.

Hier geht es nicht mehr um grundsätzliche, sondern um marginale Verbesserungen, also „das Letzte" aus den Rohstoffen heraus zu holen.

Die Sudhausausbeute ist ein Maß für die Effizienz oder den Wirkungsgrad unserer Brauarbeit.

Erreichen wir nicht den erwarteten Extraktgehalt, sind mehrere Ursachen denkbar, z.B.:

- Schlechte Malzqualität (zu geringe Ergiebigkeit),
- schlechte Schrotqualität (zu grob geschrotet),
- schlechte Rührarbeit (z.B. Brauen mit Maischesack, in dem das Malz nur unzureichend vom Wasser umspült wird),
- schlechte Läuterarbeit (ungenügende Treberwäsche beim Anschwänzen),
- falsche Temperaturführung (Nachlässigkeit beim Messen oder defektes Thermometer).

Wir haben üblicherweise Erfahrungswerte vorliegen, an denen wir uns orientieren können. Systematische Fehler, die wir immer machen, bleiben dabei unentdeckt. Die Sudhausausbeute dient daher einer Angleichung an Standardwerte, die im Normalfall erreichbar sein sollten. Deshalb sei hier gezeigt, wie wir sie berechnen können. Die Formel lautet:

$$\text{Sudhausausbeute} = \frac{\text{Liter Anstellwürze (20 °C) x Dichte x Stammwürze \%}}{\text{kg Malzausschüttung}}$$

Formel für die Berechnung der Sudhausausbeute

Die Menge der Anstellwürze ermitteln wir durch eine Skala auf dem Gärgefäß oder mittels einer Messlatte, die wir selbst hergestellt und skaliert haben. Für die Dichte brauchen wir entweder eine Spindel mit entsprechender Skala, oder wir berechnen sie anhand folgender Formel, wobei wir von 20 °C ausgehen:

$$\text{Dichte (bei 20 °C)} = 1 + (\% \text{ Stammwürze} \times 0{,}004)$$

Formel für die Berechnung der Dichte der Würze

Bei 12 % Stammwürze kommen wir auf eine Dichte von 1,048. Bei 22 Litern Anstellwürze und einer Malzschüttung von 4,1 kg berechnet sich die Sudhausausbeute also wie folgt:

$$\text{Sudhausausbeute} = \frac{22 \times 1{,}048 \times 12}{4{,}1} = 67{,}5 \%$$

Beispiel für die Berechnung der Sudhausausbeute

Eine Sudhausausbeute von 67,5 % ist für Hobbybrauer nicht schlecht. Brauereien erreichen 70 bis 75 %, gelegentlich mehr. Sie müssen allein aus Kostengründen um jedes Ausbeute-Prozent ringen. Ein zusätzliches Prozent kann leicht Kosteneinsparungen von fünf- oder sechsstelligen Beträgen bedeuten. Für Hobbybrauer ist dieser Aspekt nicht gar so bedeutend. Dennoch schadet wirtschaftliches Arbeiten nicht, und auch Hobbybrauer können an 75 % herankommen, vor allem, wenn sie mit dem Dekoktionsverfahren arbeiten. Es muss aber erwähnt werden, dass bei dunkleren oder stärkeren Bieren eine geringere Ausbeute erzielt wird. Denn dunkle Malze erleiden beim Rösten einen Extraktverlust (Röstmalze ca. 15 %), sind also weniger ergiebig. Bei Starkbieren entstehen Verluste, weil man bei ihnen den Treber in der Regel weniger intensiv ausspült.

Hopfen

> *Warum ist es für Hobbybrauer sinnvoll, sich mit dem Hopfen auseinanderzusetzen?*
> - *Damit von den verfügbaren Hopfenprodukten das jeweils geeignetste ausgewählt werden kann.*
> - *Damit die Feinheiten der Hopfengabe und Hopfendosierung bekannt sind.*
> - *Damit gezielte Veränderungen des Hopfeneinsatzes vorgenommen werden können.*

Für jedes Bier stellt sich die Frage der Hopfengabe. Diese besteht eigentlich aus drei Überlegungen:

1. Welche Hopfensorte(n) bzw. Hopfenprodukte nehme ich?
2. Welche Menge an Hopfen empfiehlt sich?
3. Wann gebe ich den Hopfen in die Würze?

Doch schauen wir erst einmal, was im Hopfen alles drin ist. Dazu interessieren uns nur die Dolden bzw. deren Produkte. Dolden oder Zapfen sind die weiblichen Blütenstände. Sie bestehen aus der wellig gebogenen Spindel in der Mitte, den Hochblättern (Vorblätter mit einem Fruchtknoten an der Basis und Deckblätter) sowie den kleinen, gelblichen, klebrigen Lupulinkörnern an den Innenseiten der Blätter, die eigentlich keine Körner sind, sondern Becherdrüsen. Sie enthalten ein Sekret mit den für Brauer wichtigen Hopfenbitterstoffen, Hopfenölen und einem Teil der Hopfengerbstoffe.

Hopfendolden

Inhaltsstoffe des Hopfens

Im Hopfen finden wir eine Vielzahl von Stoffen oder Stoffgruppen, die für das Brauen von großer, weniger großer, keiner oder unbekannter Bedeutung sind. Wir werden uns hier nur mit den bekannten und wichtigsten beschäftigen.

Entscheidend für den Brauer ist das gelbliche Lupulin

An erster Stelle zu nennen sind die *Bitterstoffe*, unterteilt in Alphasäuren (Humulone), Betasäuren (Lupulone), Weichharze und Hartharze. Der Anteil einzelner *Alphasäuren* (N-, Co-, Ad-, Prä- und Posthumulon) fällt bei verschiedenen Hopfensorten unterschiedlich aus, weshalb sie für ein jeweils spezifisches Aroma im Bier sorgen. Ein Teil der Humulone wird beim Kochen in Isokörper mit veränderter Molekularstruktur umgewandelt (isomerisiert) und damit wasserlöslich. Während der Lagerung gehen die Humulone durch Oxidation und Polymerisation erst in Weich-, dann in Hartharze über. Die *Betasäuren* können wir vernachlässigen, denn sie sind bei den in der Würze herrschenden pH-Werten unlöslich und werden mit dem Hopfentreber oder Trub ungenutzt aus der Würze entfernt.

Bezüglich der *Weichharze* möchte ich – Ludwig Narziß mag es verzeihen – aus seinem Lehrbuch eine wissenschaftlich korrekte, aber wie ein Jandl'sches Wortspiel klingende Passage zitieren: „Mit Ausnahme der ersten Oxidationsstufe des Humulons, dem Humulinon, und seiner Homologen und dem der

Betasäure nahestehenden Hulupon (...) sind sie unspezifisch". Genau, und mehr brauchen wir nicht zu wissen.

Hartharze sind sehr gut im Bier löslich, aber in ihrer vielfältigen Wirkung nicht leicht zu beschreiben. Ihr Anteil nimmt mit der Alterung des Hopfens zu. Sie erhöhen die Bitterkeit des Bieres weniger stark, sorgen aber für eine angenehm abgerundete und hochwertige Bittere.

Als nächstes gibt es die *Hopfenöle* mit Namen wie 2-Methyl-3-buten-2-ol oder 2-Methylbutylisobutyrat (damit man sie sich leichter merken kann). Auch sie sind in verschiedenen Hopfensorten mit unterschiedlichen Anteilen enthalten. Manche kommen nur in einer oder zwei Hopfensorten vor. Hopfenöle sind kaum wasserlöslich. Sie verflüchtigen sich beim Kochen und wirken sich daher im Bier nicht sonderlich nachhaltig aus.

Die *Hopfengerbstoffe* (Polyphenole) befinden sich nicht nur im Lupulin, sondern auch in der Spindel und den Hochblättern der Dolden. Sie werden mit zunehmendem Alter des Hopfens dunkler. Eine Würze mit höherem pH-Wert wird durch die gelösten Hopfenbitterstoffe und Gerbstoffe dunkler, eine saure Würze dagegen heller. Diese Merkmale sind schon im Kapitel über das Wasser beschrieben. Damit dieser Effekt nicht so auffällt, werden bei härteren Wässern mit höherem pH-Wert bevorzugt dunklere Biere gebraut. Hopfenpolyphenole sind für das Brauen von großer Bedeutung, weil sie die Eiweißausscheidung beim Kochen fördern.

An *sonstigen Inhaltsstoffen* sind Cellulosen und Mineralstoffe zu nennen. Unerwünscht sind z.B. Nitrate, von denen 200 g Hopfen pro Hektoliter (umgerechnet auf Hobbybrau-Dimensionen: 40 g Hopfen pro 20-Liter-Sud) immerhin 10-25 mg/l in Würze und Bier bringen. Diese Menge kann – wie im Kapitel über das Wasser bereits geschildert – zu Gärproblemen führen, denn Nitrat wird bei der Gärung in das Hefegift Nitrit umgewandelt. Rückstände von Pflanzenschutzmitteln schließlich gehören zu den weniger beliebten Mineralstoffen. Sie lassen sich vor allem durch die Verwendung von Hopfen aus ökologischem Anbau reduzieren.

Daneben sollte nicht unerwähnt bleiben, dass Hopfen nerven- und magenberuhigend sowie schlaffördernd wirkt, weshalb er als Heilpflanze gegen nervöse Herz- und Magenbeschwerden, Unruhe und Schlafstörungen Anwendung findet. Von den Polyphenolen wird sogar vermutet, dass sie als Antioxidantien und Fänger freier Radikale wirken und gegen Krebs, Arteriosklerose und Osteoporose helfen. All diese Wirkungen – wenn sie in den bereits laufenden medizinischen Testreihen bestätigt werden – bekommt man im Bier quasi nebenher geliefert.

Hopfensorten

Hopfen wird nicht nur nach Anbaugebieten unterschieden, sondern auch nach Sorte. Die fünf deutschen Anbaugebiete (nach Größe) heißen Hallertau, Elbe-Saale (die Anbaugebiete der früheren DDR), Tettnang, Spalt und Hersbruck. Des weiteren gibt es noch kleine Einheiten in Baden-Württemberg und Rheinland-Pfalz.

Die wichtigsten deutschen Hopfensorten lassen sich schon äußerlich durch ihre Pflanzen-, Blatt- und Doldencharakteristika unterscheiden. Für Brauer, welche die Blätter überhaupt nicht und die Dolden nur als Pellets oder Extrakt zu Gesicht bekommen, also nur am Aroma und Bitterstoffgehalt interessiert sind, sind vor allem folgende Charakteristika von Bedeutung:

AROMAHOPFEN
HALLERTAUER MITTELFRÜH sehr gutes Aroma, mittelmäßiger Bittergehalt
HERSBRUCKER gutes bis sehr gutes Aroma, Bitterwerte eher niedrig
PERLE gutes Aroma, gute Bitterwerte
TETTNANG sehr feines Aroma
SPALTER sehr gutes Aroma
HALLERTAUER TRADITION gutes Aroma, Bitterwerte eher niedrig
SPALTER SELECT feines Aroma

BITTERHOPFEN
BREWERS GOLD geringes Aroma, gute Bitterwerte
NORTHERN BREWER geringes Aroma, hoher Bitterstoffgehalt
MAGNUM weiches Begleitaroma, sehr hoher Bitterstoffgehalt

Die wichtigsten in Deutschland angebauten Hopfensorten

Den Hobbybrauer interessiert nun, welche Produkte erhältlich sind. Da die Sorten in verschiedenen Gebieten angebaut werden können, lautet die Konvention, dass an erster Stelle das Anbaugebiet, an zweiter Stelle die Sorte genannt wird. Die Bezeichnung „Hallertau Spalter Select" etwa verrät uns, dass es sich um die in der Hallertau angebaute Sorte Spalter Select handelt. Hier die von der Firma SmartHop zusammgestellte blumige Beschreibung gängiger, auch ausländischer Sorten:

Saazer Edelhopfen: Der böhmische König im Pilshimmel. Unübertrefflich sein feines Aroma. Die Krönung Ihrer Hopfengabe.

Tettnang Tettnanger: Für die feinen hopfenaromatischen Biere gibt es nichts Besseres.

Tettnang Hallertauer: Die klassische Sorte „Hallertau Mittelfrüh" entwickelt im milden Bodenseeklima eine einmalige Eleganz.

Spalt Spalter: Gehört wie der Tettnang Tettnanger zum „Saazer Formenkreis" und besticht durch feinherben Charakter.

Spalt Hallertauer: Das zweite fränkische Edelgewächs ist alles andere als zweite Wahl.

Hallertau Mittelfrüh: Die Spitzensorte der Hallertauer wurde in den 90er Jahren zum Kulthopfen für eine neue Braugeneration in Übersee.

Hallertau Hersbrucker: Jahrzehntelang der feine Standardhopfen rund um den Globus. Sein mildes Aroma verleiht vielen Lagerbieren ihre angenehme Note.

Hallertau Spalter Select: Vereint die Milde des Hersbruckers mit dem aus geprägt feinen Aroma von Spalter und Saazer Züchtungen. Der edle Aroma-Standard.

Hallertau Hallertauer Tradition: Baut auf den guten Aromaeigenschaften des „Mittelfrühen" auf und ergänzt sie durch einen Schuss Bittere. Ein charaktervoller Aromahopfen.

Hallertau Perle: Unschlagbar im Preis-Leistungs-Verhältnis. Angenehmes, volles Aroma paart sich mit guter Bitterstoff-Ausbeute. Für die erste und zweite Hopfengabe die 1. Wahl.

Hallertau Northern Brewer (Nordbrauer): Der Edelbitter aus Bayern legt den Grundstein für ausgeglichen herbe Biere. Im Alphagehalt haben ihn neue Sorten überholt, seine Ausgewogenheit bleibt unübertroffen.

Hallertau Brewers Gold (Goldbrauer): Lange Jahre ein Ersatzhopfen für Northern Brewer, hat diese Sorte weltweit Freunde gefunden, die sein apartes Aroma schätzen. Für ein charaktervolles Lager eine gute Wahl.

Hallertau Magnum: Die deutsche Wunderwaffe gegen die amerikanische Bitterhopfenwelle. Verbindet außergewöhnliche Bitterwerte mit einem weichen Begleitaroma. Als Basis-Hopfengabe (fast) konkurrenzlos.

Hallertau Taurus: Der Alpha-Hammer! Eine kraftvolle Neuzüchtung, die wieder für Spitzen-Alphas aus der Hallertau sorgt. In der ersten Gabe ein Gewinn für viele Biere.

Hallertau Nugget: Die Hallertauer Ausgabe des US-Klassikers verbindet ein mildes, rundes Aroma mit kräftiger Bittere. Für viele eine Alternative zum Northern Brewer.

Hallertau Target: Ein Engländer in der Hallertau! Etwas aus der Mode geraten, aber immer noch eine gute Wahl für vollmundige Biere.

Steirer Golding: Aroma-Klassiker aus Slowenien. Verleiht Bieren mit vollem Aroma einen besonderen Charakter. Für „englische" Biere fast ein Muss.

Super Steirer (Aurora): Standard-Aromahopfen mit außergewöhnlich guten Bitterwerten. Bei Perle-Knappheit immer eine gute Alternative.

East Kent Golding: Für Liebhaber typisch englischer Biere klingt schon der Name wie Musik. Sein „Flavour" ist unnachahmlich. Ein echter Kulthopfen.

Cascade: Undenkbar: American Craft Beer ohne Cascade! Das ist nicht irgendein Hopfen – man muss ihn lieben.

Hopfenprodukte

Hopfen kann man in Form von Dolden, Pulver, Pellets oder Extrakt beziehen. Rohstoff sind jeweils die Dolden. Nur sie sind für den Brauer von Interesse, denn sie enthalten das Lupulin.

Dolden entstehen aus den Blüten der weiblichen Hopfenpflanze. Für Brauzwecke verwendet man in Deutschland ausschließlich unbefruchtete Dolden. Diese werden nach der Ernte im September getrocknet und meist zu Hopfenprodukten weiter verarbeitet. Auf Dolden greifen nur noch wenige Brauereien zurück.

Hopfenpulver/Hopfenpellets gewinnt man aus getrockneten, gemahlenen und evtl. pelletierten Dolden. Sie kommen als „Typ 90" in den Handel (aus 100 kg Rohhopfen werden durch Säuberung und Trocknung 90 kg Pellets). Durch die mechanische Abscheidung bitterstofffreier Bestandteile kann man eine weitere Konzentration vornehmen. Dazu wird der Hopfen auf -35 °C tiefgekühlt, gemahlen und gesiebt. Dieses Produkt enthält nur noch 45 % des ursprünglichen Hopfengewichts, daher bezeichnet man es als „Typ 45". Hier wird durch die Entfernung der Doldenblätter, Stängel, Stiele und anderer Bestandteile auch die Menge der (schädlichen) Nitrate und Umweltkontaminanten (z.B. Rückstände von Pflanzenschutzmitteln) etwa halbiert.

Hopfenextrakt enthält nur die brautechnisch erforderlichen Bitter- und Aromastoffe des Lupulins. Diese werden in Deutschland durch Alkohol oder Kohlendioxid, „biereigene" Lösungsmittel also, aus dem Rohhopfen herausgelöst und liegen in hochkonzentrierter Form vor. Für CO_2-Extrakt etwa werden die Hopfenharze und Hopfenöle unter einem Druck von 220-280 bar bei 40-50 °C durch flüssiges Kohlendioxid aus Pellets herausgelöst. Anschließend verdampft das Kohlendioxid und das reine Extrakt bleibt zurück. Die dunkelgrüne Paste mit dem intensiven Aroma ist ohne Qualitätseinbuße drei bis fünf Jahre bei Raumtemperatur haltbar und kann dabei immer wieder geöffnet und verschlossen werden. Eine genaue Dosierung ist für den Hobbybrauer allerdings schwierig, denn bei einem Alphasäuregehalt von z.B. 60 % braucht man nur ein Zehntel der Menge an Pellets oder Dolden mit 6 % Alpha. Ohne eine sehr präzise Waage lässt sich das kaum hinreichend genau abwiegen. Darüber hinaus sind die Gebinde, in denen das Produkt angeboten wird, für den Bedarf von Hobbybrauern zu groß. Brauereien greifen jedoch zunehmend auf Hopfenextrakt zurück, und auch für kleine Gasthausbrauereien kann das Produkt interessant sein.

Hopfenextrakt

Weitere Hopfenprodukte, deren Verwendung nach dem Reinheitsgebot nicht gestattet ist, sind *isomerisierter Hopfenextrakt* (Iso-Hopfen) und *Hopfenöl*. Iso-Hopfen besteht hauptsächlich aus Hopfenbitterstoffen, Hopfenöl aus Aromastoffen. Sie kommen zum Einsatz, um gezielt Bittere oder Aroma zu verstärken. Es gibt auch „reduzierte" Isoprodukte, die eine geringere Lichtempfindlichkeit aufweisen. Iso-Hopfen und Hopfenöl können nach der Hauptgärung zugegeben werden. Hobbybrauer brauchen sie allenfalls zum Ausbügeln evtl. aufgetretener Fehler, insbesondere einer zu geringen Hopfengabe, oder für das Brauen mit Malzextrakt, wenn sie auf das Kochen verzichten wollen.

Am leichtesten zu beschaffen sind in der Regel Hopfenpellets. Ihr Vorteil liegt vor allem in der relativ handlichen Verpackungsform. Dolden haben bei gleicher Produktmenge ein wesentlich größeres Volumen, und da sie nicht mehr so häufig in den Handel kommen, sind sie zumeist deutlich teurer.

Wer freilich im eigenen Garten einige Hopfenpflanzen anbaut oder duldet, kann zur Erntezeit frische Dolden verwenden, bzw. diese für eine spätere Nutzung einfrieren. Hier treten allerdings einige Schwierigkeiten auf, die wir bedenken müssen, die uns aber nicht an einer Verwendung hindern müssen (im Zweifel gilt wie so oft: einfach Ausprobieren!):

1. Man kennt normalerweise den Bitterstoffgehalt nicht, was die Dosierung schwierig macht.
2. Getrocknet ist dieser frische Hopfen auch nicht, und da man das enthaltene Wasser mitwiegt, darf die Hopfengabe recht großzügig ausfallen.
3. Außerdem sollten die Dolden unbefruchtet sein. Befruchteten Hopfen erkennt man an Samen, die sich an den Fruchtknoten gebildet haben. Sie haben ca. 1 mm Durchmesser, sind ein wenig runzelig (ähnlich wie Weintraubenkerne) und ölhaltig. Dieses Öl beeinträchtigt oder behindert eine Schaumbildung im Bier, wie bei manchen englischen Bieren zu beobachten, bei denen man gezielt mit befruchtetem Hopfen arbeitet.
4. Schließlich soll der Hopfen nur fünf Tage lang erntereif sein. Der Laie kann schlecht beurteilen, wann es soweit ist. Also erntet er den Hopfen auf gut Glück, wenn das Lupulin sich gebildet hat und intensiv duftet. Bei mir hat das bislang funktioniert.

Befruchteter Hopfen mit ölhaltigen Samen

Berechnung der Hopfenmenge

Für den Brauer stellt sich prinzipiell die Frage nach der optimalen Hopfendosis. Diese lässt sich berechnen, wozu es verschiedene Verfahren gibt. Eines ist im Buch von Udo Krause nachzulesen und wurde von mir in modifizierter Form übernommen. Die in der Formel enthaltenen Variablen bedürfen allerdings einer Erklärung.

$$\text{Bitterhopfengabe in Gramm} = \frac{\text{Bittereinheiten (BE) x Liter Bier x 10}}{\text{\% Alphasäure x \% Bitterstoffausnutzung}}$$

Formel für die Berechnung der Bitterhopfengabe

- Der Alphasäuregehalt des Hopfens ist in der Regel auf der Verpackung angegeben. Er liegt zwischen 2 und 14 %.

- Mit Bitterstoffausnutzung ist die Isomerisierungsrate gemeint. Weil Alphasäuren schwer wasserlöslich sind, muss die Würze geraume Zeit kochen. Nach 60 Minuten sind bei einer Stammwürze von 12 % ungefähr 26 % der Alphasäuren isomerisiert, nach 90 Minuten ca. 28 %. Diesen Wert setzen wir in die Formel ein. Eine weitere Verlängerung der Kochzeit wirkt sich nur noch unwesentlich auf die Isomerisierung aus. Selbst der Zuwachs zwischen 60 und 90 Minuten fällt schon recht bescheiden aus.

- Mit steigendem Extraktgehalt geht die Isomerisierungsrate zurück. Bei 18 % Stammwürze erreicht sie nach 60/90 Minuten lediglich 20/22 %.

- Die Literzahl bezieht sich auf die angestrebte Sudmenge, nicht auf die für Haupt- und Nachguss verwendete Wassermenge.

- Für die Bittereinheiten (BE, auch IBU = International Bittering Units; 1 IBU = 1 mg/l iso-Alphasäure) müssen wir eine Tabelle heranziehen, die über den sortentypischen Bitterstoffgehalt Auskunft gibt.

Biersorte	Bitterstoffgehalt in BE
Obergärige Biere	
Altbier	28-40 (z.T. bis 60)
Kölsch	16-34
Weizenbier	10-18
Malzbier	6-10
Berliner Weiße	4-6
Untergärige Biere	
Pils	25-45
Lager (hell)	5-24
Export (hell)	20-30
Lager und Export (dunkel)	16-24
Märzen	20-26
Bock (hell)	20-40
Doppelbock (hell)	17-35
dunkle Starkbiere	24-30

Der Bitterstoffgehalt (mg/l iso-Alphasäure) von Bieren

Ein Beispiel: Sie wollen erstmals ein Pils brauen und wählen daher einen mittleren BE-Wert aus (also: 35). Sie haben Hopfen mit 4 % Alphasäure besorgt, kochen die Würze gemäß dem Rezept 90 Minuten lang (Bitterstoffausnutzung 28 %) und streben eine Sudmenge von 20 Litern an. Die „10" in der Formel sorgt für die richtige Stelle des Kommas. Jetzt brauchen Sie die Werte nur noch in die Formel einzusetzen:

$$\text{Bitterhopfengabe} = \frac{35 \times 20 \times 10}{4 \times 28} = 62{,}5 \text{ Gramm}$$

Beispiel für die Berechnung der Bitterhopfengabe

Dies bezieht sich auf die erste Hopfengabe zum Beginn des Kochens. Die Zweite Hopfengabe kurz vor Ende des Kochens (ungefähr 50 % der ersten Gabe) – wichtig vor allem für das Aroma – isomerisiert nur noch zu einem geringen Teil und kann daher für die Bittere vernachlässigt werden.

Hopfengabe

Die errechnete Hopfenmenge ist allerdings nur ein erster Anhaltspunkt. Hobbybrauer haben ja gerade den Vorteil, das Bier nach ihren geschmacklichen Vorlieben brauen zu können. Das betrifft auch die Bitterkeit, und hier gilt: Je mehr Hopfen, desto bitterer wird das Bier. Je weniger Hopfen, desto weniger bitter wird es. Daher fangen Sie am besten mit einem mittleren Wert an und entscheiden dann nach Ihren Vorlieben, ob Sie bei der Rezeptur bleiben, oder in Zukunft lieber mehr oder weniger Hopfen nehmen.

Doch das ist nicht alles. Sie müssen auch überlegen, wann Sie Ihr Bier genießen wollen. Dies kann von entscheidender Bedeutung für die Hopfengabe sein. Nehmen wir zum Beispiel ein Weizenbier.

Nach ca. vier bis fünf Wochen ist es ausgereift. Bei einem 20-Liter- Sud benötigen Sie für die von Ihnen gewünschte Bittere ca. 45 Gramm Hopfen (8 % Alphasäure). So weit, so gut. Ein Weizenbier kann man jedoch bereits nach ungefähr zwei Wochen sehr gut trinken. Es schmeckt zu diesem Zeitpunkt sehr lieblich-fruchtig. Diese Geschmacksnote verliert sich nach vier bis fünf Wochen.

Hat man nun die übliche Hopfenmenge genommen, steht dem lieblich-fruchtigen Geschmack eine unangenehme Bittere entgegen, die erst nach vier bis fünf Wochen verschwunden ist, zu dem frühen Zeitpunkt jedoch ziemlich stört. Sollten Sie ein junges Weizenbier genießen wollen, verringern Sie die Hopfengabe um ca. 10-20 %. Das klappt hervorragend, hat aber wiederum den Nachteil, dass es dem Bier später an Bittere fehlt. Man muss also abwägen, welchen Weg man geht. Für einen baldigen Bierkonsum sollte man die Hopfengabe also verringern, bei langer Reifezeit kann man sie erhöhen.

Zeitpunkt(e) der Hopfengabe

Während des Kochens gibt man den Hopfen in die Würze. Eine, zwei oder mehr Hopfengaben sind üblich. Wozu dienen sie, und was ist dabei zu beachten?

Die Bittere des Bieres wird vor allem durch Alphasäuren (Humulone) des Hopfens hervorgerufen. Diese sind kaum wasserlöslich. Erst durch das Kochen werden sie isomerisiert (in eine wasserlösliche Molekularstruktur gebracht).

Es bilden sich verschiedene Isohumulone, die unterschiedliche Bittereindrücke vermitteln, also beim Genuss des Bieres z.B. im Antrunk oder im Nachtrunk wahrnehmbar sind. Die Isomerisierungsrate hängt von mehreren Faktoren ab. Eine höhere Kochtemperatur (durch höheren Druck zu erreichen) begünstigt sie. Ebenso ein höherer pH-Wert der Würze. Ionisierte Salze, insbesondere Calciumionen in härteren Wässern, heben die Bittere stärker hervor, was im Kapitel über das Wasser bereits dargestellt wurde. Auch der Trubstoffgehalt der Läuterwürze ist zu beachten, denn der Trub entzieht der Würze Bitterstoffe. Schließlich findet eine Nachisomerisierung statt, wenn die Würze nach dem Kochen nicht schnell gekühlt wird, sondern noch länger heiß bleibt. Diese Faktoren sind bei der Hopfendosierung zu bedenken.

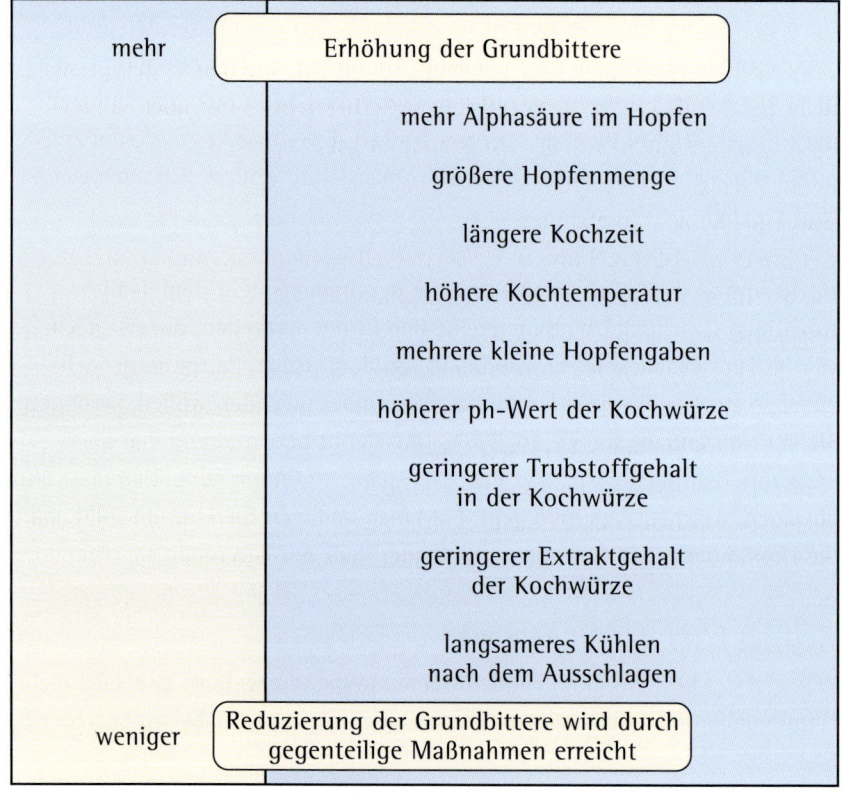

Einflussfaktoren für die Grundbittere des Bieres

Für die eigentliche Bitterkeit des Bieres, die Grundbittere, sind vor allem die frühen Hopfengaben ausschlaggebend. Daher nennt man sie auch „Bitterhopfengaben", ganz gleich, ob Bitter- oder Aromahopfen verwendet wurde. Eine größere Hopfenmenge erhöht tendenziell die Grundbittere. Bei nur einer Bitterhopfengabe verläuft die Isomerisierung darüber hinaus schleppender als wenn man die Hopfenmenge auf mehrere kleine Gaben verteilt, was teilweise praktiziert wird.

Bei manchen Bieren soll eine „Vorderwürzehopfung" stattfinden. Hier gibt man einen Teil des Hopfens bereits der beim Läutern gewonnenen Vorderwürze zu, sobald diese sich im Sudkessel sammelt. Die Vorderwürzehopfung vor Kochbeginn soll das Hopfenaroma verbessern.

Gegen Ende des Kochens zugegebener Hopfen hat, wie bereits gesagt, nicht mehr genügend Zeit zum Isomerisieren. Hierbei geht es nur noch um das Aroma, weshalb man von der „Aromahopfengabe" spricht.

Durch die Kohlensäurebildung sinkt während der Gärung der pH-Wert des Bieres („pH-Sturz") und die Löslichkeit der Humulone nimmt ab. Nur die bereits beim Kochen erzeugten Isoformen der Alphasäuren bleiben im fertigen Bier stabil und löslich. Unisomerisierte Humulone sammeln sich bei der Gärung als bräunliche Flocken auf den Kräusen und werden vor dem Schlauchen entfernt. Durch die Ausscheidung dieser dunklen Partikel wird die Würze im Verlauf der Gärung heller.

Doch bevor wir uns ausführlicher mit der Gärung befassen, geht es um den nächsten „Rohstoff", den wir nach dem Hopfen dem entstehenden Bier zugeben. Unser viertes Element ist die Hefe. Ihr widmet sich das nächste Kapitel.

Hefe

> *Warum ist es für Hobbybrauer sinnvoll, sich mit der Hefe auseinanderzusetzen?*
> - *Weil auch hier die Wahl des passenden Produkts auf die Qualität des Bieres erheblichen Einfluss hat.*
> - *Weil die Hefe ein Lebewesen ist und als solches artgerecht behandelt werden will (vor allem, wenn sie gute Arbeit verrichten soll).*
> - *Weil eine eigene Hefezucht nicht nur zu erheblichen Kosteneinsparungen führen kann, sondern auch eine ständige Verfügbarkeit diverser Hefen ermöglicht.*

Hefe ist ein einzelliger Pilz. Das dürfte sich inzwischen herumgesprochen haben. Auch auf grundsätzliche Merkmale ober- und untergäriger Hefen brauche ich für fortgeschrittene Hobbybrauer wohl nicht mehr einzugehen. Steigen wir also bei dem technisch bedeutsamen *Bruchbildungsvermögen* (auch *Flockungsvermögen*) der Hefen ein.

Danach unterscheidet man zwischen *Bruch-* und *Staubhefen*. Bruchhefen (mit einem hohen bis mittleren Flockungsvermögen) agglutinieren (verklumpen) während der Gärung und setzen sich vor Ende derselben am Boden ab. Das Bier klärt sich recht bald von alleine. Staubhefen (mit einem niedrigen Flockungsvermögen) bleiben wesentlich länger in Schwebe und sorgen für eine gewisse hefetrübe Optik des Bieres auch nach längerer Reifezeit, wie bei Hefeweizen oftmals zu beobachten (wobei ein gewisser Trub – der „Eiweißschleier" – auch von nicht-sedimentierten Eiweißpartikeln stammen kann). Staubhefen sorgen für eine vollständigere Umwandlung des vergärbaren Zuckers, weil sie fein verteilt sind und daher insgesamt eine große Oberfläche aufweisen. Das lässt den Teilchen reichlich Zeit, auch noch dem letzten Zuckermolekül hinterher zu jagen.

Während Hobbybrauer oft einen sportlichen Ehrgeiz entwickeln, ihr Bier auch ohne Filterung so klar wie möglich werden zu lassen, hat so manche (natürlich nicht jede…) Gasthausbrauerei gar kein Interesse an klarem Bier, denn das Publikum kommt ja eigens wegen des trüben, weil hausgebrauten Gerstensaftes. Der Gasthausbrauer muss also mittels Staubhefe für eine hefetrübe Optik sorgen, um sein Produkt schon optisch deutlich vom Bier aus dem Supermarkt abzuheben.

Hefe vermehrt sich vor allem durch *Sprossung*. An der Oberfläche einer Mutterzelle bildet sich eine Knospe, aus der sich eine Tochterzelle entwickelt. Hat sich die Tochterzelle schließlich abgetrennt, bleibt an der Mutterzelle eine Narbe zurück, die man unter einem Elektronenmikroskop erkennen kann. Von der Zahl der Narben kann man auf das Alter einer Zelle schließen. Das Alter einer Hefepopulation kann man jedoch nicht erkennen, denn unabhängig von irgendwelchen Faktoren bleibt die Altersverteilung immer gleich. 50 % der Zellen haben keine Narbe, 25 % haben eine, 12,5 % haben zwei, 6,25 % haben drei Narben usw.

Hefeprodukte

Wie kommt der Hobbybrauer an seine Hefe? Natürlich kann er sie – ist sie erst vorhanden – selbst ernten und züchten. Darauf komme ich unten zu sprechen. Doch zunächst muss man sie im Hobbybrau-Fachhandel einkaufen und es ist zu überlegen, in welcher der angebotenen Formen sie angeschafft werden soll.

Trockenhefe wurde lyophilisiert (gefrier- bzw. sprühgetrocknet). Dabei sind immerhin ca. 10 % der Zellen lebensfähig geblieben. Sie ist unkompliziert einsetzbar, lagerfähig und preisgünstig (ca. ein Euro pro Packung). Es gibt sie als ober- und untergärige Allroundhefe. Untergärige Hefe ist ein bis zwei Jahre haltbar, obergärige zwei bis drei Jahre. Verpackt ist sie meistens in 7-g-Päckchen, ausreichend für ca. 25 Liter Bier. Vor dem Anstellen muss sie mit Würze oder Zuckerwasser rehydriert werden. Gegenüber Spezialhefen hat sie den Nachteil, den Charakter vieler Biersorten (z.B. Weizenbier) nicht zu unterstützen. Mancher fortgeschrittene Hobbybrauer verschmäht sie daher mit dem Hinweis auf mindere Qualität. Doch wurde mein erstes prämiertes Bier (bei den Haus- und Hobbybrauertagen 1998 belegte mein „Spezial" in der Kategorie untergärig-dunkel unter elf Bieren den ersten Platz) mit Trockenhefe gebraut. So schlecht kann das Ergebnis also nicht gewesen sein.

WYEAST *Reinzucht-Flüssighefe* wird in einem Beutel mit steriler Würze geliefert, in dem sich eine Ampulle mit Hefe befindet. Einige Tage vor dem Einsatz – pro zwei Monate seit Abpackdatum rechnet man mit je einem weiteren Tag – muss die Hefe inkubiert („angebrütet", also zum Wachstum gebracht) werden. Mit dem Handballen zerdrückt man die Ampulle. Ihr Inhalt wird durch sorgfältiges Kneten mit der Würze vermengt und beginnt, sich zu vermehren. Der Beutel bleibt dabei verschlossen und bläht sich langsam auf. Sehr viele unterschiedliche und qualitativ hochwertige Hefestämme für diverse Biersorten werden angeboten. Als Nachteil ist die etwas ungewisse Inkubationszeit zu nennen. Der Preis ist mit ca. sieben Euro pro Packung nicht gerade niedrig.

WHITE LABS *Reinzucht-Flüssighefe* ist in 50-ml-Ampullen (für ca. 25 Liter Bier) oder anderen Gebinden erhältlich (Informationen unter www.whitelabs.com). Sie muss nicht inkubiert werden, ist also direkt einsetzbar. Diese Hefen sind geeignet für Mehrfachführungen und bis zu sechs Monate haltbar. Zur Auswahl stehen weit über 30 Hefestämme für gängige, aber auch seltene Biersorten. Dabei gibt es feine Differenzierungen innerhalb einiger Biersorten wie etwa eine Reihe von Weizenbier- oder Lagerbier-Hefen, die sich hinsichtlich Aroma, Flockungsverhalten (für Besucher der englischsprachigen Website: flocculation), Gärtemperatur, Vergärungsgrad (attenuation) usw. unterscheiden, so dass sich Hobbybrauern zahlreiche Möglichkeiten bieten, den gewünschten Charakter eines Bieres zu unterstützen. Daneben bietet White Labs Hefen für amerikanische, englische, schottische, belgische, schweizerische, australische, mexikanische und andere Biere sowie für Wein, Sekt, Cider und Met an. White-Labs-Hefen sollten während der ersten Führung bei über 20 °C die Gärung aufnehmen. Nach der Kräusenbildung kann die Würze auf die optimale Gärtemperatur gebracht (gekühlt) werden. Der Preis liegt ebenfalls bei über sieben Euro, was sich – wie bei den Wyeast-Hefen – bei Mehrfachführung oder eigener Hefezucht natürlich relativiert. Die folgende Übersicht deutet mit wenige Beispielen an, welche Bandbreite an Hefen erhältlich ist.

Hefeweizen Ale Yeast (obergärig) Unterstützt das traditionelle Bananen-Aroma deutscher Weizenbiere.
Hefeweizen IV Ale Yeast (obergärig) Weniger Bananen-, mehr Aprikosen- und Zitrusaroma, phenolischer, schwefliger.
Pilsner Lager Yeast (untergärig) Trocken mit malzigem Abgang, mittleres bis hohes Flockungsvermögen.
Czech Budejovice Lager Yeast (untergärig) Trocken, mittleres Flockungsvermögen.
Octoberfest/Märzen Lager Yeast (untergärig) Erzeugt ein malziges, bockbierartiges Aroma.
German Lager Yeast (untergärig) Sehr malzig, geeignet für alle Lager-, Pilsner-, Oktoberfest und Märzenbiere.
Southern German Lager Yeast (untergärig) Malziger Abgang, ausgeglichenes Aroma, etwas schweflig.
Old Bavarian Lager Yeast (untergärig) Malzig und etwas esterig, für Oktoberfest-, Bock- und dunkle Lagerbiere.
Super High Gravity Ale Yeast (obergärig) Vergärt Biere mit bis zu 25 % Alkohol.

Einige Beispiele für Hefestämme von White Labs

(Reinzucht-) Frischhefe aus der Brauerei schließlich bekommt man in der Regel entweder kostenlos oder gar nicht (je nachdem, ob der Braumeister Hobbybrauer als Freunde oder Feinde ansieht). Sie ist speziell für die Biersorten geeignet, die auch in der Brauerei mit ihr hergestellt werden. Erkundigen Sie sich deshalb beim Braumeister über die richtige Gärtemperatur. Frischhefe ist sehr empfindlich, denn sie wurde nicht eigens für Lagerung und Transport vorbereitet.

Auf sterile Gefäße und eine kontinuierliche Kühlung ist zu achten. Untergärige Hefe übersteht drei Tage gut gekühlt und unter Wasser ohne Schaden. Innerhalb von wenigen Tagen sollte man sie also einsetzen. Obergärige Hefe sollte man gar nicht aufbewahren.

Da immer wieder neue Entwicklungen auf den Markt kommen und herkömmliche Produkte sich ändern, verzichte ich hier auf eine detailliertere Darstellung. Im Allgemeinen befindet sich eine Gebrauchsanweisung auf der jeweiligen Packung oder sie wird mitgeliefert. Diese ist zu beachten. Weitergehende Fragen können Sie gegebenenfalls an Lieferanten oder Hersteller richten.

Hefenährstoffe

Ebenfalls von WHITE LABS gibt es *Hefenährstoffe*, die hierzulande noch relativ unbekannt sind, in den nächsten Jahren möglicherweise aber stärker zum Einsatz kommen. Sie enthalten z.B. Ammoniumphosphat, Vitamine, Eiweißstoffe und Mineralien und sind geeignet, Gärproblemen vorzubeugen.

Zwar ist die Hefe unter normalen Bedingungen ganz gut in der Lage, ihre Arbeit zu verrichten, aber das schließt nicht aus, dass noch Verbesserungen möglich sind. So, wie Menschen durch Vitamine und andere Präparate ihre Gesundheit und Leistungsfähigkeit steigern, kann auch die Hefe bei geeigneter Unterstützung höherwertige Ergebnisse erzielen.

Hefezellen enthalten eine Vielzahl verschiedener Enzyme. Jedes Enzym hat eigene Aufgaben und benötigt für ein optimales Arbeiten spezielle Substanzen. So sind Aminosäuren für das Zellwachstum erforderlich, Vitamine und Mineralien für die Gärtätigkeit, Phosphor für die Bildung neuer Erbsubstanz (DNA). Geringe Mengen bestimmter Metalle (Kalium, Calcium, Magnesium, Zink, Chrom) werden ebenfalls benötigt, wobei noch keineswegs in allen Einzelheiten bekannt ist, welchem Zweck sie dienen.

Der spezifische Nährstoffbedarf einer Hefe hängt ab von Hefeart, Hefestamm, Würzezusammensetzung, Wasserqualität und weiteren Faktoren wie Temperatur und Luftfeuchtigkeit. Ob die Würze alle nötigen Nährstoffe enthält, ist ohne eine aufwändige Analyse nicht festzustellen. Fehlt es an

Nährstoffen, laufen manche Prozesse nur zögerlich ab, was sich negativ auf die Gärung und somit auf den Geschmack des Bieres auswirken kann. Für optimale Gärergebnisse kann man der Anstellwürze daher Nährstoffe wie *Servomyces* in geringen Mengen zugeben.

Servomyces, einer der von WHITE LABS angebotenen Nährstoffe, wird nach einem von Weihenstephan entwickelten und patentierten Verfahren hergestellt und ist nach dem Reinheitsgebot zulässig. Es handelt sich dabei um Brauhefe, die in einem Milieu mit wichtigen Mineralstoffen wächst und diese aufnimmt. Schließlich wird sie getrocknet und abgetötet. Sie liegt als Pulver oder Granulat vor. Servomyces enthält wesentliche Nährstoffe in einer für die Hefe leicht zugänglichen Form. Sie bewirkt...

- ein schnelleres Ankommen,
- eine erhebliche Beschleunigung der Gärung,
- ein besseres Flockungsvermögen,
- die deutliche Verringerung eines schwefligen Fehlaromas,
- bessere Gesundheit und Gärfähigkeit der Hefe,
- einen geringeren Diacetylgehalt zum Ende der Hauptgärung,
- höhere Endvergärung,
- bessere Hefevermehrung,
- bessere Qualität des Endprodukts.

Hefeernte

Reinzuchthefen können bei vorsichtiger Handhabung und unter bestimmten Bedingungen mehrfach geführt werden. Dabei besteht allerdings die Gefahr einer Degeneration durch eine Abnahme der Vitalität (die Anzahl toter Zellen vergrößert sich) und die Zunahme von Infektionen durch Fremdorganismen. Verunreinigungen können die Zellmembranen verschmieren und den Stoffwechsel erschweren. Deshalb sollten zwischen der Hefeernte und dem erneuten Anstellen nur wenige Tage vergehen. Sinnvoll ist darüber hinaus eine Aufbereitung der Hefe.

Doch zunächst müssen Sie die Hefe ernten. *Obergärige Hefe* sammelt sich während der Hauptgärung an der Oberfläche der Würze. Ab ca. zehn Stunden nach dem Anstellen ist stündlich die oberste, oft sehr großblasige

Schaumschicht mit den ungelösten Hopfenbestandteilen abzuheben. Einige Stunden später beginnt der *Hefetrieb*. Bräunlich und fettig glänzend steigt die Hefe auf. Sie bildet mit dem Schaum zusammen eine fluffige Masse von zäher, klebriger Konsistenz. Diese wird abgeschöpft und in einem sterilen, gut verschließbaren Gefäß im Kühlschrank aufbewahrt. *Untergärige* Hefe bleibt nach dem Abfüllen des Jungbieres auf dem Boden des Gärbottichs zurück. Allerdings verhält sich erfahrungsgemäß auch manche untergärige Hefe wie obergärige und kann, wie jene, von der Oberfläche geschöpft werden.

Wollen Sie die Qualität der Hefe verbessern oder die Lagerzeit erhöhen, dann müssen Sie die vitalsten Zellen in möglichst hoher Konzentration aus dem gesamten Brei extrahieren. Dies geschieht mittels *Schlämmen* in drei sterilen Glasgefäßen, von denen zwei mit je einem Viertelliter Wasser gefüllt und etwas größer sein müssen (z.B. Einmachgläser oder Erlenmeyerkolben). Das Wasser sollte auf 4 bis 5 °C gekühlt und biologisch einwandfrei sein sowie eine Härte von 8 bis 10 °dH aufweisen. In das erste Glas mischen Sie die geerntete Hefe hinein. Nach einer Stunde haben sich drei mehr oder weniger deutlich erkennbare Schichten gebildet:

- Das *Oberzeug* (Vorzeug) enthält die gärkräftigsten Hefezellen, daneben aber unlösliche Stoffe wie Hopfenharze, ausgefallene Gerbstoffe und Eiweiß.
- Das *Kernzeug* (Kern-, Samenhefe) enthält die Hefezellen, welche die Hauptgärung durchgeführt haben, ist biologisch am reinsten und enthält die wenigsten Verunreinigungen.
- Das *Unterzeug* (Nachzeug) besteht aus Trub, abgestorbenen und gärschwachen Hefezellen und spezifisch schweren Zellen.

Vorzeug und Nachzeug werden verworfen, die Kernhefe (mittlere Schicht) geben Sie in das zweite Glas mit Wasser. Nach zwei weiteren Stunden trennen Sie die Kernhefe wie gehabt von den anderen Schichten und füllen sie in das dritte, gut verschließbare Glas, welches nicht unbedingt ein Einmachglas sein muss.

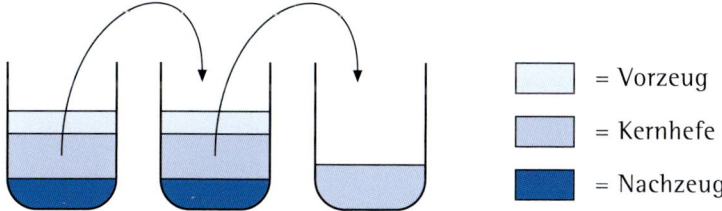

Waschen oder Schlämmen der Hefe mit kaltem Wasser

= Vorzeug
= Kernhefe
= Nachzeug

Hier haben Sie nun den hochwertigsten Teil der bereits geführten Hefe, die – vermischt mit etwas Würze als „Proviant" – im Kühlschrank günstigenfalls einige Tage lang aufbewahrt werden kann.

Eigene Hefezucht

Für Einsteiger ist Trockenhefe problemlos einzusetzen. Sie ist – auch wenn manch einer die Nase rümpft – kein Hinderungsgrund für die Herstellung guter Biere. Fortgeschrittene Hobbybrauer indes, die den Brauprozess gut im Griff haben und letzte qualitative Steigerungsmöglichkeiten ausloten wollen, bevorzugen zumeist doch frische Hefe – passend zur jeweiligen Biersorte – und nehmen deutlich höhere Kosten dafür in Kauf. Sie dürften an der Kultivierung eigener Hefestämme interessiert sein.

Es gibt verschiedene Möglichkeiten, Frischhefe verfügbar zu halten. Die einfachste besteht darin, Hefe mehrfach zu führen. Wie diese nach einer Gärung aufgefangen wird, habe ich gerade beschrieben. Soll sie nun einige Zeit aufbewahrt werden, muss man sie immer wieder mit Würze oder einer Malzextraktlösung füttern.

Deutlich aufwändiger, aber durchaus lohnend ist das folgende Verfahren, welches einer laborwürdigen Ausstattung bedarf. Dazu brauchen Sie zunächst eine Hefe-Reinkultur, die Sie sich entweder im Versandhandel oder bei einer Brauerei besorgt haben. Des weiteren müssen Sie sich im Fachhandel für Laborbedarf eine Reihe spezieller Gerätschaften besorgen:

- Petrischalen, evtl. bereits mit Würzeagar gefüllt;
- Kryoröhrchen mit Schraubverschluss;

- Impfösen (C-Metall oder Platin) mit Ösenhalter (nach Kolle) oder Einwegösen aus Kunststoff;
- Erlenmeyerkolben mit Weithals, 100 ml;
- Erlenmeyerkolben mit Weithals, 1000 ml oder größer – alternativ lässt sich vorerst auch mit einem großen Einmachglas arbeiten;
- Zellstoffstopfen für Erlenmeyerkolben – alternativ sind auch Wattebäusche geeignet;
- Agar-Agar-Pulver, ein Geliermittel aus Meeresalgen – in Drogerien erhältlich;
- Physiologische Kochsalzlösung;
- Lötlampe zum Ausglühen (Sterilisieren) der Impfösen – als Gaskartusche mit Lötaufsatz z.B. in Baumärkten erhältlich.

Bei der Hefekultivierung muss natürlich mit sterilen Gefäßen gearbeitet werden. Zur Sterilisation von Petrischalen und Kryoröhrchen empfiehlt Hanghofer – ein Teil dieser Ausführungen basiert auf seinem Artikel in der „Flaschenpost" (1/99) – das Verfahren der Thyndallisation: Die verschlossenen Röhrchen und Schalen werden in einen ausreichend großen Topf mit 2 bis 3 cm destilliertem Wasser gestellt, abgedeckt und an drei aufeinanderfolgenden Tagen jeweils eine halbe Stunde lang durch Kochen des Wassers gedämpft (optimal wäre ein Schnellkochtopf, in dem das Wasser bei ca. 1 bar Überdruck mit 121 °C kocht). So sollen selbst hitzeresistente Sporen in die ewigen Jagdgründe geschickt werden.

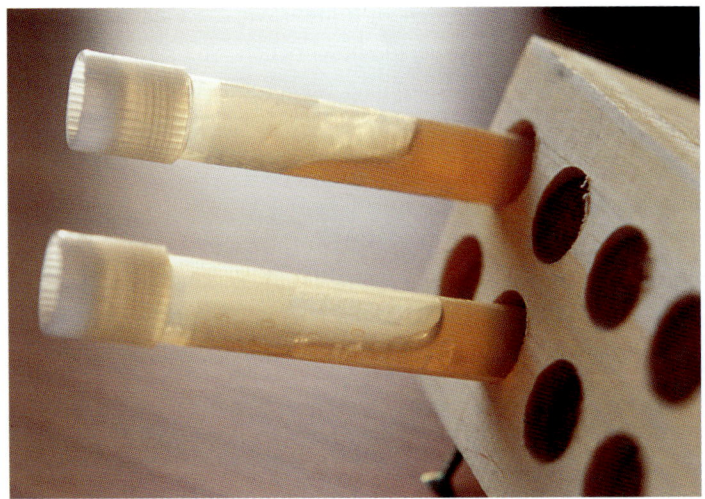

Schrägagar

Dann ist ein Nährboden, auf dem die Hefe leben kann, herzustellen. Heben Sie sich dafür etwas Ausschlagwürze auf, verdünnen diese auf ca. 8 % (oder stellen Sie eine solche Würze aus Malzextraktpulver her), geben Sie 1,5 bis 2 % Agar-Agar hinein, kochen Sie diese Mischung unter ständigem Rühren auf bis alles gelöst ist und füllen Sie dann Kryoröhrchen und Petrischalen zu einem Drittel mit der heißen Würze. Verschließen Sie die Gefäße sofort wieder. Die Kryoröhrchen legen Sie zum Auskühlen schräg auf eine Unterlage, um die Oberfläche zu vergrößern (das Ergebnis heißt „Schrägagar"), wobei der Agar den Deckel nicht erreichen darf. Nach dem Auskühlen hat sich die Würze verfestigt. Die Petrischalen können mit Klebeband versiegelt und sollten, wie auch im beimpften Zustand, stets mit dem Würzeagar nach oben gelagert werden, damit dieser nicht rissig wird und eventuell auftretendes Kondenswasser nicht die Kulturen verschmiert. Kryoröhrchen und Petrischalen sind nun jederzeit bereit, Hefekulturen aufzunehmen.

Über den Laborfachhandel gibt es auch fertige, mit Nährboden versetzte Petrischalen. Wenn Sie diese gekauft haben, entfällt die entsprechende Arbeit. Besonders geeignet sind Nährböden, die nur das Wachstum von Hefen, nicht jedoch von Bakterien erlauben (wie mit „Sabouraud-Agar mit Gentamycin und Chloramphenicol", z.B. Artikel 5694 von hoyer-madaus).

Das Beimpfen des Würzeagars bedarf einer möglichst staubfreien Umgebung. Für unsere Zwecke ausreichen sollte beispielsweise eine Glasplatte oder ein Ceran-Kochfeld, desinfiziert mit 70-prozentiger Alkohollösung oder Jodophor. Die Impföse wird in der Lötflamme rotglühend erhitzt und anschließend – bevor man damit die Hefe aufnimmt – zum Auskühlen auf den Würzeagar gehalten.

Nehmen Sie nun mit der Öse etwas Frischhefe auf und streichen Sie diese vorsichtig und in geringer Menge in engen Zick-Zack-Linien auf ein Drittel des Nährbodens einer Petrischale. Nun muss die Impföse sterilisiert oder eine neue Einwegöse genommen werden. Führen Sie diese schräg durch den aufgeimpften Teil und fraktionieren Sie die Hefe auf dem zweiten Drittel der Platte. Dasselbe machen Sie ein weiteres Mal. Im Bereich der dritten Zick-Zack-Linie sollten die Hefepilze jetzt in so geringer Menge vorliegen, dass sich Kulturen aus einzelnen Hefepilzen bilden können. Die sachgerechte Technik zeigt folgende Abbildung:

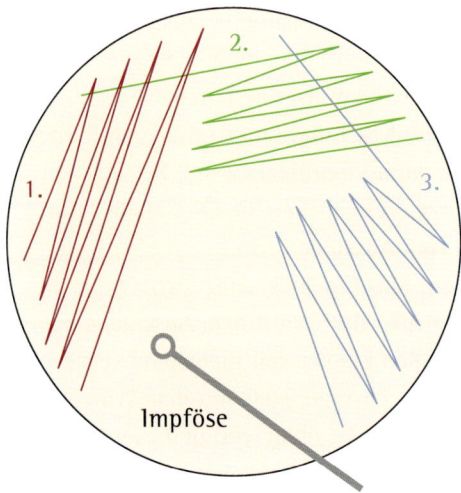

Beimpfen eines Nährbodens mit Hefe

Bei Zimmertemperatur lassen Sie die Kulturen einige Tage lang gedeihen, bis sich weiße, tropfenförmige Kolonien gebildet haben. Kontaminationen sind nun leicht zu erkennen. Schimmelpilzkolonien fallen durch ihre flaumige Erscheinung auf, Lactobazillenkolonien sind glasig und haben eine unregelmäßige Form. Finden Sie solche Verunreinigungen vor, können Sie den Schaleninhalt entweder entsorgen oder eine reine, alleinstehende Hefekolonie nach dem beschriebenen Verfahren auf neuen Würzeagar überimpfen, jetzt auch auf Schrägagar. Kulturen in Kryoröhrchen können Sie im Kühlschrank ein halbes Jahr und länger aufbewahren. Sie lassen sich sogar auf dem Postweg mit anderen Hobbybrauern im In- und Ausland austauschen.

Auch die Anlage von Dauerkulturen ist möglich. Hierzu benötigen Sie ein nährstofffreies Medium, in dem die Hefe in ein Ruhestadium eintritt, aus dem heraus sie wieder aktiviert werden kann. Gut geeignet ist 0,9-prozentige physiologische Kochsalzlösung (9 g Kochsalz pro Liter Wasser, steril in Apotheken erhältlich). Füllen Sie einige Kryoröhrchen mit der Kochsalzlösung und dämpfen Sie diese wie beschrieben. Dieser Vorrat an sterilen Behältnissen sollte eine Weile reichen. Geben Sie nun eine stecknadelkopfgroße Menge frisch inkubierter (auf Nährboden gezüchteter) Hefe in das Röhrchen (die Öse nicht eintauchen) und achten Sie darauf, dass von dem Würzeager nichts mit hinein gelangt. Schütteln Sie kräftig. Die Hefe setzt sich am

Boden des Röhrchens ab und ist ungekühlt jahrelang haltbar. Wenn Sie nun auf diesen Vorrat zurückgreifen wollen, schütteln Sie ihn auf, entnehmen mit steriler Impföse eine Probe und streichen diese – wie üblich – auf einen Nährboden. Wenn sich die Hefe dort vermehrt, sollten Sie die Gelegenheit nutzen und mit der vitalen Hefe eine neue Dauerkultur anlegen.

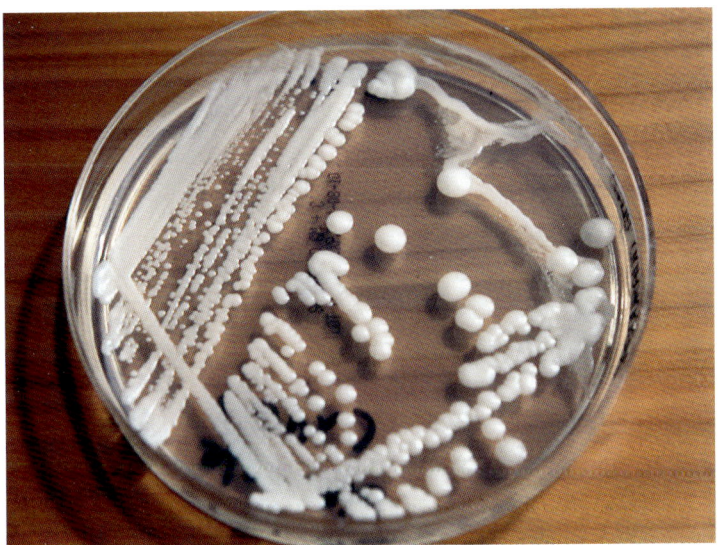

Hefekolonien

Hier noch einmal im Überblick, welches Gefäß für welchen Zweck gedacht ist:
- Petrischale mit Würzeagar: Große, leicht zugängliche Oberfläche – für die rasche Anzucht von Hefekolonien.
- Kryoröhrchen mit Schrägagar: Kleinere Oberfläche, schwerer zugänglich, kleine Öffnung – für die Aufbewahrung einer Hefekultur über ein halbes Jahr und länger.
- Kryoröhrchen mit physiologischer Kochsalzlösung: Gut verschließbar – für Hefe-Dauerkulturen.

Nun haben Sie frische Hefe zur Hand, die im Bedarfsfall nur noch auf eine zum Anstellen nötige Menge vermehrt, also hergeführt werden muss.

Herführen der Hefe

Zum Herführen der Hefe benötigen Sie eine 12-prozentige Starterwürze. Sofern Sie Erlenmeyerkolben benutzen, können Sie die Starterwürze darin ansetzen, eine Viertelstunde kochen und anschließend im Wasserbad kühlen. Sitzt der Zellstoffstopfen oder Wattebausch während des Kochens bereits als Verschluss auf dem Kolben, wird er durch den Wasserdampf gleich mit sterilisiert.

Mit einer dem Nährboden entnommenen Kultur beimpfen Sie 100 ml Starterwürze im kleinen Erlenmeyerkolben. Hat diese sich bei Zimmertemperatur (besser ist eine etwas höhere Temperatur um 30 °C, wie sie vielleicht auf oder neben einem Videorecorder oder einem anderen, ständig Wärme abgebenden Gerät herrscht) kräftig vermehrt, können Sie die Hefe in einen großen Erlenmeyerkolben mit 500 ml steriler Würze überimpfen (die vergorene Würze können Sie entsorgen, soweit sie von der Hefe zu trennen ist).

Im größeren Gefäß soll die Hefe jetzt bei einer niedrigeren Temperatur von ca. 18 °C angären, um sich langsam an die für die Anstellwürze gewünschte Gärtemperatur zu gewöhnen. Häufiges Schwenken des Gefäßes sorgt für vermehrte Bewegung und Sauerstoffzufuhr. So wird das Wachstum beschleunigt.

Für einen 20-Liter-Sud benötigen Sie ungefähr 100 ml (= 0,5 %) Flüssighefe. Auch eine etwas geringere Menge reicht aus, allerdings verzögert sich dann der Gärbeginn. Falls Sie jedoch noch weit davon entfernt sind, sollten Sie die hergeführte Hefe in ein weiteres, größeres Gefäß (z.B. ein großes Einmachglas) mit einem Liter steriler Würze geben.

Vorsorglich und zum Üben können Sie mit einem Tröpfchen Hefe, welches Sie nach einer vollzogenen Gärung gewinnen, einen Probelauf durchführen. Für den gesamten Prozess des Herführens sollten Sie etwa vier bis sechs Tage einkalkulieren. Schließlich aber sollte die erforderliche Hefemenge bereit stehen und dem Anstellen entgegen fiebern.

Gärung und Lagerung

Ohne Gärung kein Bier. Ist doch klar. Wer möchte schon gehopften Malzextrakt trinken, auch wenn er gesund sein soll, und die Brauer früher zur Stärkung und gegen allerlei Wehwehchen gerne heiße Würze genossen haben. Für uns ist die Gärung also ein unverzichtbarer Schritt auf dem Weg zum fertigen Bier, und es ist unsere Hefe, die diese wichtige Aufgabe übernimmt. Wir müssen lediglich dafür sorgen, dass die Hefe optimale Arbeitsbedingungen vorfindet.

Anstellen

Mit dem Anstellen kommt die Hefe in die Würze. Die Hefe sollte etwa 0,5 % der Würzemenge ausmachen. Bei dunklen Würzen oder Starkbierwürzen ist die Hefegabe zu erhöhen, denn sie weisen einen niedrigeren Aminosäuregehalt und eine ungünstigere Zuckerzusammensetzung auf. Eine höhere Hefegabe ist auch nötig, wenn die Würze beim Anstellen nicht ausreichend belüftet werden kann.

Ist die Würze ausreichend abgekühlt, sollten Sie die Hefe zunächst mit einer kleinen Würzemenge sorgfältig vermischen, bis keine Hefeklumpen mehr vorhanden sind. Dann geben Sie das Hefe-Würze-Gemisch in den Gärbottich und vermischen es gleichmäßig mit der gesamten Würze. Zugleich müssen Sie für eine intensive Anreicherung mit Sauerstoff sorgen. Bewährt hat sich vor allem das Umschütten zwischen mehreren Eimern.

Gärführung

Abhängig von der jeweiligen Hefe muss der Gärraum eine gewisse Mindesttemperatur aufweisen, damit die Gärung stattfinden kann. Oberhalb dieses Minimums lassen sich mit einer Steuerung der Temperatur Gärintensität und Gärdauer erheblich beeinflussen. Je wärmer, desto heftiger und schneller.

Ein *kalter Gärverlauf* ist jedoch günstiger für das Bier. Die Stoffwechsel- und Umwandlungsprozesse verlaufen langsamer und weniger weitgehend, wodurch Geschmack, Vollmundigkeit und Schaumhaltigkeit des Bieres positiv beeinflusst werden. Hier findet anfangs eine geringere Hefevermehrung statt, die durch ein intensiveres Belüften der Anstellwürze ausgeglichen werden kann.

Die Temperaturführung muss sich nach der Hefe richten. Hier gibt es zahlreiche Variationsmöglichkeiten, so dass nur einige Beispiele genannt werden können. Für die kalte Gärung wird bei ca. 6 °C die Hefe zugegeben. Nach ein bis zwei Tagen erreicht die Würze 8-9 °C, wo sie bis zum Schlauchen nach 7-8 Tagen gehalten wird, evtl. auch noch einige Tage länger. Nach dem Schlauchen wird das Bier schnell (innerhalb von einem Tag) oder langsam (über mehrere Tage) auf ca. 0 °C gekühlt.

Eine warme Gärführung, früher eher dunklen Bieren vorbehalten, wird heute auch für helle Biere in vielen Brauereien bevorzugt, um die Fertigstellung des Getränkes zu beschleunigen und nicht zuletzt die Kapitalbindung zu reduzieren. Hier steht also der schnöde Mammon im Vordergrund. Der soll freilich kein Kriterium für Hobbybrauer sein. Für die warme Gärung liegt die Anstelltemperatur bei 8-10 °C, die Gärtemperatur bei 12-14 °C. Höhere Gärtemperaturen führen zu einer beschleunigten Gärung. Es bilden sich mehr Gärungsnebenprodukte, die den Geschmack unangenehm beeinflussen. Daneben kommt es zu einer stärkeren Ausscheidung von Eiweißschwebstoffen und Bitterstoffen. Im Bier führt dies zu geringerer Vollmundigkeit und schlechteren Schaumeigenschaften, evtl. auch zu einem heftigen Geschmack, denn die Hefe verausgabt sich schnell und kann mit der Nachgärung Schwierigkeiten haben. Ja, Übermut tut selten gut.

Die empfohlene Gärdauer liegt bei Bieren mit 12 % Stammwürze bei sieben Tagen. Dunkle Biere sollten etwas schneller vergären, Starkbiere und mit Rohfrucht hergestellte Biere etwas langsamer. Das sind freilich Sollwerte, die nicht immer einzuhalten sind. Hobbybrauer können die Temperatur des Gärraumes zumeist nur begrenzt regeln, was aber nicht weiter dramatisch ist. Dann dauert die Gärung so lange wie sie dauert, und trotzdem kommt fast immer ein wohlschmeckendes Bier heraus. Wer aber eine Tiefkühltruhe übrig hat und unterbringen kann, kann diese mit einem externen Elektronik-Thermostat steuern. Ein Sensor in der Truhe regelt die Stromzufuhr und ermöglicht eine präzise Temperaturführung.

Veränderungen während der Gärung

Voller Eifer wandelt die Hefe vergärbaren Zucker in Alkohol und Kohlendioxid um. Doch auch eine Reihe weiterer Umwandlungen oder Veränderungen finden während der Gärung statt. Einige wichtige sind hier zu nennen.

Die *Wasserstoffionen-Konzentration* verzehnfacht sich ungefähr, d.h. der pH-Wert als ihr negativer dekadischer Logarithmus geht von durchschnittlich 5,2 bis 5,7 in der Anstellwürze auf 4,35 bis 4,65 im Jungbier zurück.

Es bilden sich *Gärungsnebenprodukte* wie höhere Alkohole, Ester und Aldehyde, die erhebliche Auswirkungen auf Aroma und Geschmack des Bieres haben (siehe das Kapitel über Sensorik). Eine warme Gärführung begünstigt, wie gesagt, die Bildung solcher Stoffe.

Beim Kochen unisomerisiert gebliebene Hopfenbitterstoffe sowie Melanoidine, Gerb- und anderen Farbstoffe werden ausgefällt und von aufsteigenden CO_2-Bläschen in die Kräusendecke transportiert, zum kleinen Teil aber auch an der Oberfläche der Hefezellen adsorbiert. Die *Farbe* der Würze wird dadurch deutlich heller.

Um auf den schon erwähnten Eiweißschleier zurück zu kommen – dieser kann das Bier noch trüben, wenn die Hefe bereits sedimentiert ist. Zwar nehmen Hefezellen viele Eiweiß- und Hopfenbestandteile mit zu Boden, doch manche Eiweiße müssen sich vorher zu größeren Komplexen vereinigt haben. Bruchhefen setzen sich eventuell ab, bevor besagte Komplexe sich gebildet haben. Dann bleibt die Eiweißtrübung zurück. Hier können Staubhefen, die wesentlich länger in Schwebe bleiben, letztlich eine bessere Klärung bewirken.

Ungewohnte Gärerscheinungen

Der Verlauf der Hauptgärung – Ankommen, Stadium der niederen Kräusen, Hochkräusen, Deckenbildung – dürfte bekannt sein. Er ist u.a. in meinem Buch „Heimbrauen" ausführlich beschrieben und bildlich dargestellt. Wer bereits mit verschiedenen Hefen gearbeitet hat, wird beobachtet haben, dass praktisch jede Hefe ein wenig anders vergärt, z.B. ein eigenes Aussehen der Kräusen und einen besonderen Geruch hervorruft. Sogar dieselbe Hefe reagiert unterschiedlich auf verschiedene Würzezusammensetzungen, Temperaturen usw. Daher ist Gärung nicht gleich Gärung. Dennoch gibt es Gärerscheinungen, die erheblich vom gewohnten Bild abweichen und für Verwirrung sorgen können. Hier eine Auswahl der gängigsten Auffälligkeiten.

Kahle Stellen in der Gärdecke zum Beginn der Gärung können durch
1. eine ungleichmäßige Verteilung der Hefe,
2. mangelhafte Belüftung der Würze,
3. nicht ausreichendes Gärvermögen der Hefe oder
4. zu niedrige Temperatur im Gärraum entstehen.

Die Ursachen lassen sich meist ohne Nachteile beheben durch
1. nachträgliches kräftiges Rühren der Würze,
2. nachträgliche Belüftung (kann sich allerdings negativ auf die Stabilität des Bieres auswirken),
3. Nachgeben von gärfähiger Hefe oder
4. Heizen des Gärraumes bzw. Umstellen des nicht richtig gären wollenden Sudes an einen wärmeren Ort.

Kochende Gärung kann in allen Gärphasen auftreten, vor allem aber in der Phase der Hochkräusen. An einzelnen Stellen oder insgesamt bewegt sich die Oberfläche wie beim wallenden Kochen. Ursachen können u.a. im Malz, in schlechter Würzekochung oder unvollständigem Entfernen des Heißtrubes zu suchen sein. Die Gärung kann sich dadurch beschleunigen, aber das Bier wird nicht beeinträchtigt. Bei Roggenbier beobachte ich häufiger eine kochende Gärung.

Eine *Blasenbildung* im Stadium der Hochkräusen und vor allem bei der Deckenbildung fällt durch ungewöhnlich große Blasen (3 bis 20 cm Durchmesser) auf. Ursachen können alte sowie schlecht geputzte oder verstaubte Malze sein. Insbesondere aber zeigen manche Heferassen diese Erscheinung, die keine nachteilige Auswirkung für das Bier hat. Bei Trockenhefe ist diese Erscheinung normal.

Blasenbildung während der Gärung

Sie müssen also nicht gleich verzweifeln, wenn die Gärung einmal ungewöhnlich aussieht. Die meisten abnormen Erscheinungen sind harmlos oder – sofern es sich um Probleme handelt – leicht zu beheben. Wichtig ist vor allem, dass wir selbst nach dem Genuss unseres Bieres keine abnormen Erscheinungen haben...

Speise

Die *Schlauchreife* des Bieres, also der richtige Abfüllzeitpunkt, ist erreicht, wenn der Extraktgehalt des Bieres ca. 0,5 bis 1 % oberhalb des nichtvergärbaren Restextraktes liegt. Diese Differenz dient einer ausreichenden Nachgärung in den Flaschen. Mit einer Schnellvergärprobe können Sie den nichtvergärbaren Restextrakt feststellen. Die Entwicklung des Extraktgehaltes messen Sie durch regelmäßiges Spindeln der gärenden Würze.

Was aber, wenn die Schlauchreife erreicht ist, während Sie nächtens selig schlummern, sich tagsüber mit Ihrer Arbeit herumplagen oder aus anderen Gründen keine Zeit haben? Dieses Problem betrifft jeden Hobbybrauer früher oder später. Im Zweifelsfall heißt es: Lieber zu früh als zu spät abfüllen, und so berichtete mir ein ehemaliger Kursteilnehmer, dass er morgens um vier aufgestanden sei, um das Jungbier vor dem Dienst abzufüllen. Dies muss nicht sein, wenn Sie mit Speise arbeiten.

Unsere Speise ist ein beiseite gestelltes Zehntel der Ausschlagwürze (z.B. 2 Liter bei einem 20-Liter-Sud), welches sehr empfindlich und daher nach dem Abkühlen im Kühlschrank aufzubewahren ist. Bei obergärigen Bieren und/oder höheren Gärraumtemperaturen empfehlen sich 15 % Speise. Da sie so sensibel ist, sollten Sie die Speise bereits während oder sofort nach dem Hopfenseihen heiß und damit steril in Bügelflaschen zapfen. Kleiner Tipp: Wenn Sie die heiße Würze eingefüllt und die Flaschen verschlossen haben, drehen Sie sie einige Sekunden lang auf den Kopf, damit auch die Verschlüsse sterilisiert werden. Dann kann eigentlich nichts mehr passieren. Die restliche Würze stellen Sie nach dem Abkühlen mit Hefe an – wie üblich. Während die Anstellwürze die Hauptgärung durchläuft, geschieht mit der Speise (hoffentlich) nichts.

Die Hauptgärung können Sie nun mehr oder weniger interessiert verfolgen. Sie brauchen aber weder eine Schnellvergärprobe, noch müssen Sie täglich spindeln, noch den Abfüllzeitpunkt des Bieres genau erwischen. Sie müssen eigentlich gar nichts tun, auch nicht morgens um vier aufstehen, sondern nur abwarten, bis die Gärung *vollständig* zum Erliegen gekommen ist.

Jetzt kommt die große Stunde der Speise. Sobald Sie Zeit haben (innerhalb von 24 Stunden sollte es allerdings sein) schöpfen Sie, wie sonst auch, mit einem Teesieb Schaumreste, ungelöste Hopfenbestandteile und sonstiges von der Oberfläche Ihres vergorenen Sudes, bis sie blank ist. Dann gießen Sie vorsichtig die Speise in das Jungbier und füllen es unmittelbar anschließend ab.

Die noch unvergorene Speise hebt den Extraktgehalt genau in dem für die Nachgärung erwünschten Maße an. Diese Verfahrensweise hat eine Reihe von Vorteilen, nämlich...

- ein Minimum an Aufwand während der Hauptgärung;
- der Abfüllzeitpunkt kann nicht versäumt, sondern in gewissen Grenzen selbst bestimmt werden;
- eine ausreichende Nachgärung ist so gut wie sicher;
- eine übermäßige Nachgärung findet meist nicht statt, daher müssen die Flaschen nicht gelüftet werden und können auch nicht explodieren;

- durch die zur Ruhe gekommene Gärung hat sich mehr Trub am Boden des Gärbottichs abgesetzt, und deutlich weniger Trub gelangt in die Flaschen.

Diesen Vorteilen stehen keinerlei Nachteile gegenüber – zumindest haben sie sich im häufigen (!) praktischen Einsatz noch nicht gezeigt. Daher kann ich die Verwendung von Speise nur wärmstens empfehlen.

Noch ein weiterer Tipp: In den letzten Stunden vor der Speisezugabe sollten Sie die Flaschen mit der Speise neben den Gärbottich stellen, damit die Speise ungefähr dieselbe Temperatur wie die Würze hat. Ist die Speise nämlich deutlich kühler, hat sie eine größere Dichte und kann unter Umständen auf den Boden sinken. Dann findet eine Schichtung statt einer Vermischung statt, ein höchst unerwünschter Effekt, der die Wirkung der Speise zunichte macht.

Behältnisse

Sofern Sie einigermaßen sicher sind, dass keine allzu heftige Nachgärung mehr stattfindet, können Sie das Jungbier durchaus auch in blecherne *5-Liter-Partyfässer*, sofern gerade vorhanden, abfüllen. Da diese undurchsichtig sind, gestaltet sich die Befüllung eventuell etwas schwierig. Hierzu folgende Empfehlungen:

- Stellen Sie das Fass während des Füllens auf eine Waage. Fünf Liter Bier müssen fünf Kilogramm wiegen. Vergessen Sie aber nicht, das Leergewicht des Fasses zu berücksichtigen.
- Das Verschließen des Fasses mit der passenden Gummidichtung ist ohne weitere Hilfsmittel mit bloßem Drücken kaum zu bewerkstelligen. Wenn Sie den Stopfen während des Drückens jedoch gleichzeitig drehen, ist es gar nicht so schwer.

Auch hier lässt uns der technische Fortschritt nicht im Stich. Der übliche Verschluss eines Partyfasses besteht aus zwei Teilen – der Gummidichtung sowie dem Plastikstopfen, welcher vom Degen der Zapfarmatur nach innen gedrückt wird. Für Hobbybrauer gibt es nun Überdruckventile, die genau diesen Stopfen ersetzen. Bei der Nachgärung entstehender Druck kann, wenn er ein gewisses Maß überschreitet, entweichen. Das funktioniert einwandfrei, und lässt das Problem aufgeblähter, verbeulter oder gar geplatzter Fässer der Vergangenheit angehören.

Überdruckventil für 5-Liter-Partyfass

Für komfortbewusste und des Flaschenspülens überdrüssige Hobbybrauer sind in den letzten Jahren verstärkt *Aluminium- oder Edelstahlkegs* aus der Gastronomie in Gebrauch gekommen. Man kann gar von kompletten Systemen sprechen, die inzwischen erhältlich sind, so dass Metallarbeiten, seit jeher von versierten Bastlern geliebt (aber nicht jeder Hobbybrauer ist passionierter Heimwerker), entfallen können. Natürlich sind die Kegs deutlich teurer als Pfandflaschen, aber dafür machen sie einen absolut professionellen Eindruck.

Edelstahlkeg mit Zapfhahn (ganz rechts) und CO_2-Flasche

Ein solches Edelstahlkeg fasst ca. 20 Liter. Es hat oben eine große, ovale Öffnung, durch die es sich gut reinigen und befüllen lässt. Oben weist das Keg zwei Anschlüsse auf – den Getränkeausgang sowie den Luft-/CO_2-Eingang. Ein Steigrohr reicht vom Getränkeausgang bis zum Boden. Am Getränkeausgang kann man einen Zapfhahn oder eine Zapfarmatur aufstecken. Am Luft-/CO_2-Eingang kann man CO_2-Flaschen, einen Injector für CO_2-Patronen, eine Handpumpe oder ein Manometer zur Überwachung des Drucks anschließen. Für CO_2-Flaschen sind Druckminderer mit Manometer erhältlich. Des weiteren gibt es für den Anschluss am Steigrohr eine Schlauchverlängerung mit Antitrub-Schwimmer, mit dem sich das im Keg befindliche Bier von der Oberfläche (statt vom Boden) und damit recht klar zapfen lässt.

Wer größere oder mehrere Sude in Kegs abfüllt, benötigt zwar die entsprechende Anzahl derselben, die sonstigen Zubehörteile jedoch nur einmal, da sie sich stets nach Bedarf auf die Kegs stecken und abziehen lassen.
Die komplette Ausstattung erhalten Sie im Hobbybrau-Versandhandel (einige Adressen im Anhang).

Zubehör: Injector, CO_2-Patronen, Manometer

> Bei den Edelstahl-Kegs ist zu beachten, dass es sehr viele nicht zueinander passende Systeme gibt. Die Verbindungsstücke haben verschiedene Durchmesser, Gewindegrößen, Formen usw. Daher sollte man die Grundausstattung aus einer Quelle beziehen und sich vergewissern, dass die Fittinge tatsächlich passen.

Nachgärung

Nach dem Schlauchen, dem Abfüllen des Jungbieres in Flaschen oder Fässer, beginnt die Nachgärung und Reifezeit. In dieser Zeit...

- vergärt der Rest des vergärbaren Zuckers;
- reichert sich das Bier mit Kohlensäure an, sofern diese aus dem geschlossenen Gefäß nicht entweichen kann;
- klärt sich das Bier durch das Absetzen von Hefe und Trubstoffen am Gefäßboden;
- reift das Bier, indem anfangs stark hervortretende Geschmacksnoten ihre Dominanz verlieren und sich insgesamt ein abgerundeter Geschmack entwickelt.

Direkt nach dem Schlauchen muss noch einige Tage lang eine Temperatur herrschen, welche der Hefe die Nachgärung ermöglicht. Die Reifung sollte dann in einem möglichst kalten Lagerkeller stattfinden. Für Brauereien werden Temperaturen von + 3 bis – 2 °C empfohlen, was für gewöhnliche Hobbybrauer in der Regel unerreichbar sein dürfte.

Generell muss sich ein Hobbybrauer hinsichtlich der Nachgärung in der Regel wohl wenig Gedanken machen. Er füllt sein Jungbier in Flaschen, Syphons oder kleine Fässer – und das war's. Erst einige Wochen später geschieht wieder etwas. Das ist der angenehmste Teil, nämlich der Genuss des fertigen und hoffentlich wohlschmeckenden Bieres.

Brauereien betreiben einen ganz anderen Aufwand, den ich hier nur andeuten möchte. Sie schlauchen das Jungbier in Tanks oder Fässer, verschneiden nach bestimmten Regeln verschiedene Sude, überwachen Spundungsdruck, Temperatur, vergärbaren Restextrakt und Kohlensäuregehalt, geben vielleicht auch Kohlensäure zu (die nur aus dem selben Betrieb stammen darf) und haben unzählige Details zu beachten. Zur Beschleunigung der Klärung sind allerlei Mittelchen zulässig, wie Hausenblase, Holzspäne, pechimprägnierte Späne, aufgeraute Aluminiumfolien, Bentonite, Perlite, Zellulose, Polyvinylpolypyrrolidon usw. – soviel zum Reinheitsgebot. Schließlich wird das Bier meist gefiltert und immer abgefüllt, bevor es sich auf die Reise zum Verbraucher macht. Trotzdem schmeckt es.

Hobbybrauer verlassen sich auf die vier natürlichen Konservierungsmittel Kälte, Alkohol, Hopfenbitterstoffe und Kohlensäure. Wenn Kälte nicht verfügbar ist, wenn also etwa im Sommer selbst im Keller mehr als 10 °C herrschen, bleiben immerhin noch drei natürliche Konservierungsmittel übrig. Optimal ist das natürlich nicht. Es wird z.B. vermehrt Hefeeiweiß ausgeschieden, welches sich ungünstig auf Eigenschaften und Geschmack des Bieres auswirkt.

Nach meinen eigenen Erfahrungen hat sich dies in der Praxis jedoch nicht als sonderlich tragisch erwiesen. Mein Keller wird im Sommer bis zu 17 °C warm. Doch ist das Bier selbst nach drei Monaten stets einwandfrei – wenn es in seltenen Fällen dieses Alter überhaupt erreicht. Bei höheren Lagertemperaturen sollten Sie übrigens auf jeden Fall mit Speise arbeiten, um den bereits erwähnten Effekt, dass mehr Trub sich am Boden des Gärgefäßes absetzt, gezielt zu nutzen. Denn so gelangen weniger verderbliche Hefen und Trubstoffe in die Flaschen.

Ansonsten ist wenig zu beachten. Gelegentliche Kontrollen des Drucks sind zu empfehlen. Ist dieser zu hoch, sollte die gesamte Charge gelüftet werden. Hat sich zu wenig Kohlensäure gebildet, lässt sich auch dieser ernst zu nehmende Fehler durch Zugabe von Malzextraktpulver oder (notfalls) Zucker beheben. Jeder erfahrene Hobbybrauer dürfte sich damit auskennen.

Während der Nachgärung und Reifung finden eine Reihe mechanischer und chemischer Vorgänge statt, die dem Bier gut tun, weil sie seinen Wohlgeschmack stark verbessern. So setzen sich Hefezellen und Eiweißgerbstoffe ab. Bitterstoffe und Jungbukettstoffe werden ausgeschieden oder umgewandelt. Insbesondere die Bittere geht zurück, wofür mehrere Prozesse verantwortlich sind. Die Träger eines angenehmen Bieraromas nehmen stark zu. Überzeugen Sie sich am besten selbst durch gelegentliche Proben von den Veränderungen.

Schließlich ist das Bier ausgereift und kann genussvoll getrunken werden. Ist der Genuss hingegen durch Fremdaromen beeinträchtigt, lassen sich daraus oft Rückschlüsse auf Braufehler ziehen. Zur Beurteilung eigener und fremder Biere sowie zur Fehlerbeseitigung mag es für den Hobbybrauer daher interessant sein, etwas über Biersensorik zu erfahren. Dieser wenden wir uns im nächsten Kapitel zu.

Biergenuss – Sensorik

> *Warum spricht man von „Sensorik"? Nun, weil beim Bier alle Sinne (von lat.: sensus = Gefühl) gefordert sind. Nicht nur der Geruchs- und Geschmackssinn, nein, auch die Augen „trinken" mit, indem sie Farbe und Schaumverhalten wahrnehmen. Der Tastsinn von Zunge und Gaumen spürt die Spritzigkeit des Bieres sowie die Temperatur, und selbst über unser Gehör empfinden wir das angenehme „Plopp" beim Öffnen einer Bügelflasche (oder das unangenehme Ausbleiben dieses Lautes), und vielleicht auch das knisternde Prickeln der Kohlensäure im Glas.*

Bier soll natürlich genossen werden. Es muss vor allem dem Hobbybrauer selbst schmecken, schließlich hatte der die ganze Arbeit. Schöner ist es freilich, wenn auch Familie und Freunde lobend die Augenbrauen hochziehen. Der Gipfel der Anerkennung aber ist das gute Abschneiden bei einer Bierprämierung, die von Fachleuten durchgeführt wurde.

Wenngleich Geschmack ein sehr individueller Eindruck ist, gibt es doch halbwegs objektive Kriterien, nach denen Bier beurteilt werden kann. Eine sachgerechte Verkostung ist allerdings mit einem gewissen Aufwand verbunden, der hier nur kurz skizziert sei.

Die Verkostung sollte in einem von Fremdeinflüssen freien Raum stattfinden. Natürlich sind vor allem störende Gerüche wie Tabakrauch, Essensdünste und Parfüm zu vermeiden. Auch andere Störfaktoren wie Lärm, irritierendes Licht, Sonneneinstrahlung usw. sollte man nach Möglichkeit ausschalten. Insgesamt sollten sich die Verkoster gut auf ihre Aufgabe konzentrieren können und nicht abgelenkt werden, auch nicht von den anderen Verkostern. Sie sollten in den Stunden vor der Verkostung weder Knoblauch noch intensiv schmeckende oder scharf gewürzte oder geräucherte Nahrung (wie Wurst, Schinken usw.) zu sich genommen haben, nicht rauchen sowie auf After-Shave usw. verzichten.

Da in der Praxis das Bier (glücklicherweise) kaum unter solch sterilen Bedingungen genossen wird, gibt es allerdings auch den Ansatz, die Verkostung in Kneipenatmosphäre stattfinden zu lassen.

Die günstigste Tageszeit ist der späte Vormittag. Die Zahl der Proben sollte auf 8-10 Biere pro Sitzung beschränkt sein. Zwischen den einzelnen Proben sollten die Geschmackspapillen mit Wasser oder ungewürztem Knäckebrot neutralisiert werden. Die Temperatur sollte für alle Biere gleich bei 12-14 °C liegen. Bei einer DLG-Verkostung wird das Bier gar schaumfrei in braunen 200-ml-Prüfgläsern serviert, weil Schaum und Farbe sich mit physikalischen Messverfahren objektiver beurteilen lassen. Und natürlich muss die Beurteilung „blind" erfolgen – die Verkoster dürfen also nicht wissen, welche Biere sich in den Gläsern befinden.

Die Verkostung sollte vom niedrigen zum hohen Reiz gehen und nicht umgekehrt. Das bedeutet: Biere mit niedriger Stammwürze vor Bieren mit hoher Stammwürze, helle vor dunklen Bieren, schwach gehopfte Biere vor stark gehopften, untergärige Biere vor obergärigen.

Verkostungskriterien

Die Deutsche Landwirtschaftsgesellschaft (DLG) – ihre Prüfurteile, wenn sie denn positiv ausfallen, nutzen Brauereien stolz für die Werbung – legt der sensorischen Prüfung von Bieren, die nur einen Teil der gesamten Untersuchung ausmacht, folgende Kriterien zugrunde:

Reinheit des Geruchs	5 rein 4 noch rein 3 leichte Geruchsfehler: oxidiert, aufdringlich 2 deutliche Geruchsfehler: esterig, dumpf, hefig, Diacetyl 1 starke Geruchsfehler, sonstige Fehler
Reinheit des Geschmacks	5 rein 4 noch rein 3 leichte Geschmacksfehler: oxidiert, aufdringlich 2 deutliche Geschmacksfehler: esterig, dumpf, hefig, Diacetyl 1 starke Geschmacksfehler, sauer, käsig, metallisch, Lichtgeschmack
Vollmundigkeit	5 sortentypisch 4 noch typisch 3 typisch 2 wenig typisch 1 untypisch
Rezens	5 angenehm rezent 4 rezent 3 wenig rezent 2 schal 1 sehr schal
Qualität der Bittere	5 sehr fein 4 fein 3 etwas nachhängend 2 nachhängend 1 stark nachhängend

Verkostungskriterien der DLG

Wesentlich praktikabler für ungeübte Hobbybrauer und Bierfreunde ist jedoch die Verkostungsanleitung der Privaten Brauereigasthöfe (www.braugasthoefe.com) in neun Schritten, die auch einem Laien unterscheidbare Kriterien an die Hand gibt. Bei dieser Verkostung muss man nicht unbedingt mehrere Biere vergleichen. Man kann ein einzelnes Bier beurteilen. Bei etlichen der Kriterien findet keine Bewertung (besser-schlechter) statt, sondern eine wertneutrale Klassifizierung. Wichtig ist hier eine Einhaltung der vorgegebenen Reihenfolge:

1. Schaum
stark – kräftig – befriedigend – schlecht – feinporig – sahnig –
gut haltbar, haftet am Glas – keine Haltbarkeit

2. Farbe
sehr hell gelb (lichthell) – gelb – rotgelb – bernsteinfarben –
rotbraun – schwarzbraun

3. Klarheit
glanzfein – blank – noch blank – hefetrüb

4. Geruch
rein, kräftig – noch rein – hopfenaromatisch – malzaromatisch –
obergärig – esterig (fruchtig)

5. Hopfenaroma
kräftig rein – schwach – sehr schwach – kein Bukett

6. Antrunk
rein, vollmundig, abgerundet – leicht im Trunk – breit, mastig,
schwer – wenig vollmundig – unausgeglichen

7. Haupttrunk/Rezens
zu stark (scharf) – angenehm rezent – rezent – noch rezent

8. Bittere/Nachtrunk
fein, gut abgestimmt – betont – breit – anhängend –
harmonisch – schnell abklingend – abreißend

9. Gesamtbeurteilung
sehr gut – gut – befriedigend – ausreichend

Verkostungsanleitung der Privaten Brauereigasthöfe

Geruchs- und Geschmackseindrücke

Um eine gewisse Einheitlichkeit der sensorischen Beurteilung zu ermöglichen, haben die Brauerfachverbände aus Europa und Nordamerika das „Flavourrad" (als farbiger, inhaltlich erweiterter „Bier-Aroma-Guide" beim Fachverlag Hans Carl erhältlich) entwickelt. In kreisförmiger Anordnung werden die wichtigsten Geruchs- und Geschmackseindrücke dargestellt.

Bier-Aroma-Guide (© Fachverlag Hans Carl GmbH, Nürnberg)

Merkmale verschiedener Biersorten

Für die Beurteilung eines Bieres ist stets auch zu bedenken, um welche Sorte es sich handelt. Wenn es schon einer bestimmten Sorte zugeordnet wird, muss es natürlich die Kriterien halbwegs erfüllen, sonst handelt es sich um Etikettenschwindel (oder um einen Misserfolg). So darf ein Bier durchaus nach Banane schmecken, wenn es ein Weizenbier ist. Trinken wir jedoch gerade ein Pilsener, gibt Bananenaroma zu denken und wir sollten im Abschnitt über Geruchs- und Geschmacksfehler (siehe unten) nachschlagen.

Mit anderen Worten: Ein Bier soll „sortentypisch" sein. Was aber sind die typischen Merkmale verschiedener Biersorten? Die folgende Tabelle gibt einige Anhaltspunkte:

PILS   hell-goldfarbenes Bier mit vorherrschendem Hopfengeschmack und feinporigem Schaum
HELLES LAGERBIER   malzaromatisches, hell-gelbes, blankes Bier, kräftig und ein wenig süß
DUNKLES LAGERBIER   dunkles Bier, leicht gehopft, vollmundig, malzaromatisch
SCHWARZBIER   sehr dunkles Bier, vollmundig, keine einheitlichen Geschmackskriterien
STARKBIER: BOCK, DOPPELBOCK   vollmundig, goldbraun oder dunkelbraun
WEIZENBIER, WEISSBIER   meist leicht hefetrübes, spritziges Bier mit einem fruchtigen und würzigen Geschmack, helle und dunkle Färbung
ALTBIER   dunkel, bernsteinfarbenes, hopfenbetontes blankes Bier
KÖLSCH   ganz hellgelbfarbenes, hopfenbetontes Bier
BERLINER WEISSE   spritziges, leicht hefetrübes, dunkelgelbes Bier mit leicht säuerlichem Geschmack

Merkmale gängiger Biersorten

Man kann in Randbereichen sicher großzügig sein. Bevor ein Hobbybrauer jedoch allzu krampfhaft versucht, sein beim besten Willen nirgendwo hineinpassendes Bier dennoch einer dieser Sorten zuzuordnen, soll er oder sie sich doch lieber kreativ auf die Suche nach einer eigenen Sortenbezeichnung machen...

Geruchs- und Geschmacksfehler

Wenn ein Bier erhebliche Abweichungen vom sortentypischen Geschmack oder Geruch aufweist, lassen sich unter Umständen Rückschlüsse auf Fehler bei der Herstellung oder Lagerung sowie andere Probleme ziehen, die dann abzustellen sind.

Oxidationsgeruch/-geschmack (brot-, karton-, pappeartig)

Für einen brotigen Geruch und Geschmack gibt es verschiedene mögliche Ursachen, nämlich:

- Sauerstoffbelastung: Vor dem Verschließen der Flaschen ist zu viel Sauerstoff in das Bier gelangt. Dadurch kann auch der an Tomatenpflanzen oder schwarze Johannisbeeren erinnernde Katzengeschmack (auch ich habe noch nie Katze gegessen, aber man nennt ihn halt so) auftreten.
- Thermische Belastung: Das Bier wurde zu stark erwärmt (tritt bei Dosenbier häufig auf).
- Alterung: Das Bier ist zu alt (bei Industriebier oft festzustellen, wenn es sich dem Mindesthaltbarkeitsdatum nähert).
- UV-Belastung: Das Bier stand zu lange im direkten oder indirekten Sonnen- oder Tageslicht. Durch UV-Strahlen wird 3-Methyl-2-buten-1-thiol gebildet. Braunes Glas absorbiert die UV-Strahlen jedoch weitgehend (grünes Glas weniger, weißes Glas kaum). Um diesen Lichtgeschmack zu vermeiden, sollte Bier generell dunkel gelagert werden.

Kellergeruch/-geschmack (muffig, dumpf, grabelig)

Wenn Bier zu lange zu warm gelagert wird, kann der muffige Kellergeruch auftreten, der oft von einem schlechten Schaum begleitet wird. Als Steigerung tritt ein althefiger, autolyseartiger Geruch auf, wie man ihn von überlagerter Hefe kennt. Auch ein Schimmelpilzbefall der Gerste lässt das Bier muffig schmecken.

Apotheken- oder Medizingeruch/-geschmack (phenolisch)

Ein rauchiges Apotheken- oder Jodaroma kann entstehen, wenn phenolische Substanzen aus dem Malz mit freiem Chlor aus dem Trinkwasser reagieren. Auch Rückstände chlorhaltiger Reinigungsmittel (auf die man ohne weiteres verzichten kann) an den Braugeräten können die Ursache sein. Chlorphenole sind schon bei sehr geringer Konzentration zu bemerken. In diesem Fall muss das Bier vernichtet werden.

Phenolischer Geschmack kann auch aus dem unversiegelten Lack von Bierdosen oder schadhaften Bierausschankleitungen stammen.

Auch zu frühes Abfüllen (grünes Schlauchen) oder eine zu warme Nachgärung kann für den phenolischen Geschmack verantwortlich sein.

Butteraroma (Diacetyl)

Während der Gärung bildet die Hefe Acetolactat, welches zu Diacetyl oxidiert. Diacetyl wiederum baut die Hefe in der Nachgärung ab. Daher ist das Vorhandensein dieser Substanz das wichtigste Indiz für eine unvollständige Ausreifung des Bieres.

Selten weist das Butteraroma auf eine Kontamination mit bierschädlichen (nicht jedoch gesundheitsschädlichen) Bakterien (Pediokokken) hin.

Säuerlicher Geruch/Geschmack

Bei einigen Bieren (z.B. Berliner Weiße) durchaus erwünscht, weist ein säuerlicher Geruch oder Geschmack vor allem auf eine Kontamination mit Milchsäurebakterien hin. Auch diese sind nicht gesundheitsschädlich (wirken schlimmstenfalls abführend), können aber den Genuss erheblich beeinträchtigen. Bei extremer Sauerstoffbelastung können sogar Essigsäurebakterien wachsen und dem Bier einen Essigstich zufügen.

Die Ursache dieser Fehlaromen liegt zumeist in mangelhafter Betriebshygiene, ist also durch saubereres Arbeiten zu vermeiden. Ob das geschädigte Bier vernichtet wird, bleibt seinem Hersteller und dessen Leidensfähigkeit überlassen.

Aufdringlich fruchtige Note

Wie bereits erwähnt, kann ein fruchtiges Aroma (Apfel, Banane, Erdbeere, Eisbonbon, Papaya) in obergärigen Bieren wie Weizenbier oder Roggenbier (hier auch Ananas) erwünscht sein. In untergärigen Bieren lässt es jedoch auf Fehler bei der Hefevermehrung bzw. Gärung schließen. Diese können bei einer konzentrierten Maische auftreten.

Gemüsegeruch/-geschmack

Erinnert das Bieraroma an gekochten Kohl oder Rüben, weist dies auf einen erhöhten Gehalt an Dimethylsulfid hin. Dieser kann auf unzureichend ausgedarrtes Malz oder ungenügendes Kochen (zu kurz, zu wenig intensiv, kann z.B. bei älteren Einkochtöpfen mit defektem Thermostat auftreten) zurückzuführen sein. Hier ist in Zukunft vor allem mit einer Verlängerung der tatsächlichen Kochdauer zu reagieren.

Roggenbier darf fruchtig nach Ananas schmecken

Selleriegeruch/-geschmack

Dieses Fehlaroma wird durch eine Infektion der Würze mit Würzebakterien der Gattung Enterobacteriaceae ausgelöst. Die Infektion kann bei schlechter Hefequalität, zu hoher Angärtemperatur oder beim Belüften auftreten. Bei einem pH-Wert von unter 4,8 wachsen diese Übeltäter nicht, also auch nicht im Bier. Haben sie aber die Würze heimgesucht, lässt sich das Aroma nicht mehr entfernen.

Mastiger Geschmack

Dieser entsteht bei zu vielen höheren Alkoholen im Bier, wobei höher in diesem Fall nicht besser, sondern minderwertiger meint.
Höhere Alkohole werden auch Fuselöle genannt.

Hefiger Jungbiergeschmack

Ausgereiftes Bier sollte nicht mehr nach Jungbier schmecken. Wenn doch, dann weist dies auf eine zu kurze oder unvollständige Nachgärung, auf einen hohen Gehalt an unvergärbaren Kohlehydraten oder auf im Bier enthaltene Schwefelverbindungen hin. Beim Maischen oder bei der Gärführung sind Fehler aufgetreten. Als Gegenmaßnahmen empfehlen sich eine bessere Maischarbeit, andere Hefe, eine bessere Durchlüftung der Würze, Schlauchen mit geringerer Hefezellenzahl, eine sorgfältigere Nachgärung oder ein niedrigerer Nitratgehalt (Nitrat wird in das Hefegift Nitrit umgewandelt, wodurch die Gärung zum Erliegen kommen kann) im Wasser bzw. im Hopfen.

Unangenehme Bittere

Auch die Bittere des Bieres kann auf Fehler hinweisen. Dabei gibt es sehr unterschiedliche Problemfelder.

In erster Linie ist hier der Hopfen zu nennen. Bei einer zu großen Hopfenmenge, zu hohem Bitterstoffgehalt für die jeweilige Biersorte, zu langer Hopfenkochdauer oder falschen Hopfengaben während des Kochens kann eine kratzige und anhängende Hopfenbittere resultieren. Auch ein zu hoher Maische-pH kann die Ursache sein, weil dadurch mehr Bitter- und Gerbstoffe aus dem Hopfen gelöst werden.

Eine breit-derbe Eiweißbittere kann aus einem zu geringen Eiweißabbau beim Maischen herrühren. Dieses Problem lässt sich z.B. durch eine Eiweißrast abstellen. Auch eine ungenügende Eiweißausfällung durch zu hohe Lagertemperaturen oder zu schnell sedimentierende Bruchhefen kann die Ursache sein. Dann empfiehlt sich folgerichtig eine niedrigere Lagertemperatur oder die Verwendung von Hefen mit niedrigerem Flockungsvermögen.

In Verbindung mit einem aufdringlich hefigen Geruch und Geschmack kann eine breite Bittere auch durch unvollständige Gärung verursacht sein. Die Gärung kann beispielsweise durch eine Temperaturabsenkung unter das für die jeweilige Hefe nötige Niveau steckengeblieben sein. Oder bei zu vielen Hefezellen im Bier kann es zu einer Autolyse der Hefe gekommen sein, die sich auch durch einen kreosolähnlichen oder grabeligen Geschmack äußert.

Wasser mit zu hoher Restalkalität oder einem zu hohen Anteil von Sulfidionen erzeugt eine kratzige Bittere.

Schließlich lässt ein Eisengehalt von über 0,3 mg/l im Brauwasser das Bier unangenehm bitter schmecken. Wenn Bier mit dem Metall Eisen in Berührung kommt, kann daraus ein Tinten- oder Metallgeschmack resultieren, verbunden mit einer Verbesserung des Schaumes, der aber eine braune Farbe erhält.

Mangelhafte Rezens

Schales Bier ist genauso nachteilig zu bewerten wie beim Öffnen der Flasche wild überschäumendes. Ein zu niedriger CO_2-Gehalt deutet auf eine nicht ausreichende Nachgärung hin. Ursachen können sein:

- undichte Gärgefäße;
- eine zu niedrige Lagertemperatur (die Hefe konnte nicht arbeiten) – hier hilft, wenn die Hefe noch gäraktiv ist, die mehrtägige Lagerung bei höheren Temperaturen;
- zu wenig vergärbarer Restextrakt im Bier – hier hilft früheres Abfüllen oder eine Erhöhung der Speisemenge;
- eine zu hohe Ausschanktemperatur, wodurch das CO_2 bereits beim Einschenken entweicht.

Ein unkontrollierbares Entweichen von Bier oder Schaum beim Öffnen der Flasche (gushing) lässt hingegen auf eine zu heftige Nachgärung schließen. In diesem Fall ist das Bier zu früh abgefüllt worden, oder die Speise zu üppig ausgefallen. Immerhin lässt sich mit nachträglichem Lüften der Flaschen Abhilfe schaffen. Gushing kann allerdings auch auf einen Schimmelpilzbefall der Gerste hinweisen.

Rezepte

Auch in diesem Buch dürfen einige Rezepte nicht fehlen. Alle passen gleichermaßen zum aufsteigenden Infusionsverfahren und zum Dekoktionsverfahren. Die Rezepte lassen beides zu.

Natürlich kann ein jeder basteln und experimentieren, wie er/sie möchte. Der Fantasie sind keine Grenzen gesetzt. Das gilt nicht nur für Gerätschaften und eben das Brauverfahren, sondern auch für Rezepte.

Um anzudeuten, welche Variationsmöglichkeiten hier vorhanden sind, stelle ich gleich vier Pilsener-Rezepte vor, allesamt modifiziert gegenüber dem aus meinem ersten Buch „Heimbrauen".
Die können Sie als Anregungen für eigene Experimente mit beliebigen anderen Rezepten verwenden.

Da viele fortgeschrittene Hobbybrauer vermutlich bereits ihr Lieblings-Brauverfahren haben, werden in den folgenden Rezepten vor allem Abweichungen vom gewöhnlichen Verfahren beschrieben. Rasten auf 64, 72 und 78 °C (die Eiweißrast kann entfallen) sind mein gewöhnliches Verfahren. Die Rastzeiten variieren allerdings.
Wenn Sie mit anderen Werten gute Erfahrungen gemacht haben, bleiben Sie einfach dabei.
Jodproben habe ich nicht mehr gesondert erwähnt. Jeder wird wissen, wann sie fällig sind. Auch Läutern, Anschwänzen, das 90-minütige Kochen mit zwei Hopfengaben und das anschließende Ausschlagen (sofort nach dem Ausschlagen werden 10-15 % Speise heiß abgefüllt) sind für mich selbstverständlich, können aber nach Ihren individuellen Vorlieben abgewandelt werden. Nur die ausführlich dargestellten Besonderheiten müssen Sie beachten.

Irish Stout (Guinness Art)

Das dunkle Guinness hat in Deutschland viele Freunde. Sie können es nach dem aufsteigenden Infusionsverfahren brauen, müssen dieses jedoch deutlich abwandeln. Wichtig ist z.B., dass Sie nur eine Hopfengabe durchführen. Ich war selbst zunächst ein wenig skeptisch, aber alles hat prima funktioniert.

Der cremige Schaum entsteht dank der Gerstenflocken. Aufgrund der beträchtlichen Menge an Röstmalz und Hopfen muss unser Guinness recht lange reifen. Aber das Warten lohnt sich!

Irish Stout (Guinness Art) (obergärig) • 20 Liter

Wiener Malz	5 kg
Gerstenflocken	1,3 kg
Röstmalz	100 g
Bitterhopfen (Pellets) 10 % α	80 g
Wasser zum Einmaischen	17 l
Wasser für Nachguss	17 l
Obergärige Hefe	

- Einmaischen bei 40 °C.
- Halten Sie bei 40 °C eine Einmaischrast von 15 Minuten.
- Achtung! Es gibt weder eine Eiweiß-, noch eine Maltoserast.
- Stattdessen folgt bei 67 °C eine 90-minütige Rast.
- Erwärmen Sie den Sud auf 78 °C.
- Abmaischen: 30 Minuten Rast.
- Läutern und Anschwänzen wie gewohnt.
- Der Hopfen wird diesmal in nur einer Portion zum Beginn des Kochens zugegeben.
- Ausschlagen, Anstellen.

Stammwürzegehalt ca. 17 % • Reifezeit mindestens 8 Wochen

Premium Pilsener

Als ich dieses Bier zum ersten Mal kostete, war ich sehr erstaunt, was man gegenüber dem einfachen Pils noch gewinnen kann. Dabei war es eigentlich eher ein Zufallsprodukt, um einen Rest vorverkleisterter Gerstenflocken (zur Verbesserung von Vollmundigkeit und Schaumverhalten) einer sinnvollen Verwendung zuzuführen. Ich gab ihn kurzerhand der Schüttung bei, weil ich auch ein wenig neugierig war, was dabei herauskommt. Das Experiment erwies sich als äußerst erfolgreich.

Das Pils schmeckt elegant und trocken, genau wie ich es mag. Seine sahnigfeine Schaumkrone ist sehr stabil. Aufgrund des hervorragenden Ergebnisses verleihe ich ihm das Prädikat „Premium". Dieser Begriff ist nicht geschützt, kann also beliebig verwendet werden. Und in diesem Fall ist er wirklich gerechtfertigt.

Premium Pilsener (untergärig) • 20 Liter

Pilsner Malz	4 kg
Gerstenflocken	200 g
Aromahopfen 4 % α (Pellets)	100 g
Wasser zum Einmaischen	17 l
Wasser für Nachguss	14 l
Untergärige Hefe	

- Einmaischen bei 35 °C.
- Maltoserast bei 64 °C: 40 Minuten.
- 1. Verzuckerungsrast bei 72 °C: 20 Minuten.
- 2. Verzuckerungsrast bei 78 °C: 20 Minuten.
- Läutern, Anschwänzen, Kochen, Ausschlagen, Anstellen.

Stammwürzegehalt ca. 12 % • Reifezeit 6 Wochen

Schwarz-Pils

Einst wurde ich gebeten, für die Jubiläumsfeier eines befreundeten Sportvereins, der japanisches Schwertfechten übt, ein Bier zu brauen. Was lag näher, als passend zu der dunklen Kleidung ein ebensolches Bier zu brauen? Und wenn schon schwarz – warum nicht mal ein Pilsener? Für die Farbe griff ich auf Röstmalzbier zurück, welches nicht den brenzligen Beigeschmack von Röstmalz hat. Das Bier wird dunkler und trotzdem milder, als mit Röstmalz zu erreichen. Obendrein verkürzte ich die Maltoserast ein wenig für eine erhöhte Vollmundigkeit.

Wie das Bier bei der Feier aufgenommen wurde? Nun, die Sportler waren so begeistert, dass sie fortan ihre Holzschwerter durch Maischepaddel ersetzten. Und wenn sie nicht gestorben sind, dann trainieren sie noch heute.

Schwarz-Pils (untergärig) • 20 Liter

Pilsner Malz	4,1 kg
Röstmalzbier	130 g = 116 ml
Aromahopfen 8 % α (Pellets)	50 g
Wasser zum Einmaischen	15 l
Wasser für Nachguss	16 l
Untergärige Hefe	

- Einmaischen bei 35 °C.
- Maltoserast bei 64 °C: 35 Minuten.
- 1. Verzuckerungsrast bei 72 °C: 20 Minuten.
- 2. Verzuckerungsrast bei 78 °C: 20 Minuten.
- Läutern, Anschwänzen, Kochen, Ausschlagen, Anstellen.
- Röstmalzbier nach dem Ausschlagen zugeben.

Stammwürzegehalt ca. 12 % • Reifezeit 6 Wochen

Pilsener (Rudolph'sches Infusionsverfahren, auch Maltaseverfahren)

Dieses Maischverfahren habe ich mir ausgedacht, um einmal anderen Enzymen als gewöhnlich eine Chance zu geben. Es geht hier vor allem um die Maltase, die sonst kaum Gelegenheit hat, Maltose in Glucose umzuwandeln. Dies geschieht nämlich bei 35-40 °C, und da liegt sonst noch gar keine Maltose vor. Auf diese Weise verändert sich die Zuckerzusammensetzung. Zu diesem Verfahren gibt es in meinem Buch „Craft-Bier. Brauen und Genießen" (S. 78 f.) weitere Informationen.

Schmeckt das Bier anders? Probieren Sie selbst.

Pilsener, Rudolph'sches Infusionsverfahren (untergärig) • 20 Liter

Pilsner Malz	4,1 kg
(davon für Vormaische	1 kg)
Aromahopfen 8 % α (Pellets)	50 g
Wasser zum Einmaischen	17 l
(davon für Vormaische	3 l)
Wasser für Nachguss	14 l
Untergärige Hefe	

- Einmaischen bei 35 °C: Die Vormaische (inoffizielle Bezeichnung) besteht aus 3 l Wasser und 1 kg Malz.
- Die Vormaische erhitzen Sie ohne Pause auf 64 °C und lassen sie 40 Minuten lang rasten, damit Maltose entsteht.
- Dann geben Sie den restlichen Hauptguss (14 l kaltes Wasser) hinzu und bei 35 °C das restliche Malz (3,1 kg).
- Halten Sie bei 35 °C eine Einmaischrast von 10 Minuten. Hierbei soll die Maltase aus dem restlichen Malz die in der Vormaische gebildete Maltose in Glucose umwandeln. Danach geht es weiter wie üblich.
- Maltoserast bei 64 °C: 40 Minuten.
- 1. Verzuckerungsrast bei 72 °C: 20 Minuten.
- 2. Verzuckerungsrast bei 78 °C: 20 Minuten.
- Läutern, Anschwänzen, Kochen, Ausschlagen, Anstellen.

Stammwürzegehalt ca. 12 % • Reifezeit 6 Wochen

Pilsener (konzentrierte Würze)

Wenn Sie – wie ich – mit einem Einkochtopf brauen und daher auf 20-Liter-Sude festgelegt sind, probieren Sie doch einmal das konzentrierte Brauverfahren aus, welches Ihnen bei gleicher Arbeit ca. 20 % mehr Bier beschert.

Sie können jedes andere Rezept entsprechend abwandeln. Erhöhen Sie Schüttung und Hopfenmenge um ca. 20 %, nehmen Sie ca. 1 Liter Wasser mehr für Haupt- oder Nachguss und 4 Liter Wasser zum späteren Verdünnen. Dies ist aber – wie im Kapitel über das Maischen nachzulesen – bereits die Grenze. Eine stärkere Konzentration/Verdünnung verändert den Charakter des Bieres.

Pils (untergärig) • 20 Liter brauen für 24 Liter Bier

Pilsner Malz	5 kg
Aromahopfen 8 % α (Pellets)	60 g
Wasser zum Einmaischen	17 l
Wasser für Nachguss	15 l
Wasser zum späteren Verdünnen	4 l
Untergärige Hefe	

- Einmaischen bei 35 °C.
- Maltoserast bei 64 °C: 40 Minuten.
- 1. Verzuckerungsrast bei 72 °C: 20 Minuten.
- 2. Verzuckerungsrast bei 78 °C: 20 Minuten.
- Kochen, Ausschlagen.
- Nach dem Abzweigen der Speise (Achtung: 10 % sind diesmal ca. 2,5 l) verdünnen Sie die heiße Würze mit 4 l kaltem Wasser, wodurch sich das Abkühlen beschleunigt.
- Anstellen, Gärung usw. wie üblich.

Stammwürzegehalt ca. 12 % • Reifezeit 6 Wochen

Amberbier

Haben Sie schon mal ein rötliches Bier getrunken? Falls Sie sich bislang gewundert haben, wie diese Farbe ins Bier gelangt, finden Sie hier die Antwort: durch Melanoidinmalz. Auch Carared®, Caraamber® und Caraaroma® unterstützen diese Farbe, wie im Kapitel über Malze dargestellt. Doch probieren Sie erstmal das Melanoidinmalz aus. Mit irgendwas muss man ja anfangen...

Besonders zu empfehlen ist die Kombination mit Münchner Malz oder Karamelmalz. Dabei kommt der rötlich-braune Farbton erst richtig zur Geltung.

Was die Hefe betrifft – Amberbiere können sowohl ober- als auch untergärig gebraut werden.

Amberbier (ober- oder untergärig) • 20 Liter

Pilsner Malz	3 kg
Münchner Malz Typ II	500 g
Melanoidinmalz	700 g
Aromahopfen 4 % α (Pellets)	80 g
Wasser zum Einmaischen	16 l
Wasser für Nachguss	16 l
Untergärige oder obergärige Hefe	

- Einmaischen bei 35 °C.
- Maltoserast bei 64 °C: 40 Minuten.
- 1. Verzuckerungsrast bei 72 °C: 20 Minuten.
- 2. Verzuckerungsrast bei 78 °C: 20 Minuten.
- Läutern, Anschwänzen, Kochen, Ausschlagen, Anstellen.

Stammwürzegehalt ca. 12 % • Reifezeit 6 Wochen

Märzen

Für etwas dunklere Biere arbeite ich inzwischen besonders gerne mit Caramünch Typ III (oder einem anderen dunklen Karamelmalz). Dies ist mein Lieblingsmalz. Es riecht und schmeckt – nomen est omen – intensiv karamelig und malzig. Bereits das ungeschrotete Malz ist eine Köstlichkeit (auch für Kinder, wie meine Töchter bestätigen können). Und genau dieses Aroma transportiert es in das Bier.

Die Gabe soll auf maximal 10 % der Schüttung begrenzt sein. Ich habe sie jedoch – der Versuchung nicht wiederstehen können und mich über die Spezifikationen der Mälzerei hinweg setzend – schon auf 800 g, also ca. 20 %, erhöht. Dieses gelungene Experiment kann ich nur weiter empfehlen.

Märzen (untergärig) • 20 Liter

Pilsner Malz	3,7 kg
Caramünch Typ III	500 g
Aromahopfen 4 % α (Pellets)	80 g
Wasser zum Einmaischen	16 l
Wasser für Nachguss	15 l
Untergärige Hefe	

- Einmaischen bei 35 °C.
- Maltoserast bei 64 °C: 35 Minuten.
- 1. Verzuckerungsrast bei 72 °C: 20 Minuten.
- 2. Verzuckerungsrast bei 78 °C: 20 Minuten.
- Läutern, Anschwänzen, Kochen, Ausschlagen, Anstellen.

Stammwürzegehalt ca. 12 % • Reifezeit 5 Wochen

Rauchbier

Rauchbier, diese Bamberger Spezialität, wird mit über Buchenholzrauch geräuchertem und anschließend gedarrtem Malz gebraut. Daher das eigenartige Aroma, welches an Schinken oder andere Räucherwaren erinnert. Es gibt jedoch in Bamberg nicht nur das Rauchbier, sondern gleich eine ganze Palette, von Märzen über Weizen bis Bock. Man kann also aus jedem Bier ein Rauchbier machen, indem man einfach einen Teil des Malzes durch besagtes Rauchmalz ersetzt.

Die Schüttung kann bis zu 100 % aus Rauchmalz bestehen (fragen Sie sicherheitshalber bei der Mälzerei oder beim Lieferanten nach). Das ist aber eher etwas für Extremisten und Räuchermännchen. Dem moderaten Rauchbierfreund oder dem, der dieses anfangs stark gewöhnungsbedürftige Getränk noch gar nicht kennt, möchte ich raten, beim ersten Versuch nicht mehr als 20-25 % Rauchmalz einzusetzen.

Rauchbier (untergärig) • 20 Liter

Pilsner Malz	2,5 kg
Rauchmalz	1 kg
Münchner Malz	700 g
Aromahopfen 4 % α (Pellets)	70 g
Wasser zum Einmaischen	17 l
Wasser für Nachguss	14 l
Untergärige Hefe	

- Einmaischen bei 35 °C.
- Maltoserast bei 64 °C: 30 Minuten.
- 1. Verzuckerungsrast bei 72 °C: 20 Minuten.
- 2. Verzuckerungsrast bei 78 °C: 20 Minuten.
- Läutern, Anschwänzen, Kochen, Ausschlagen, Anstellen.

Stammwürzegehalt ca. 12 % • Reifezeit 5 Wochen

Superstarkbier bis 25 % Vol.

Sir Edmund Hillary – der Erstbesteiger des Mount Everest – wurde einst gefragt, warum er den höchsten Berg der Welt unbedingt bezwingen musste. Seine Antwort: „Weil er da ist."

Wenn Sie mich fragen, warum ich unbedingt die „Super High Gravity Ale Yeast" von WHITE LABS (WLP 099) ausproBIERen wollte, die Biere bis zu einem Alkoholgehalt von 25 % (!) vergären soll, kann ich nur dieselbe Antwort geben: „Weil sie da ist." Das Besondere an dieser Hefe ist eben, dass sie bis zu einem Alkoholgehalt von 25 % arbeitet. Keine andere schafft so etwas. Bei 11 bis 12 % ist normalerweise Schluss, deshalb gibt es auch keine stärkeren Biere. „EKU 28" mit einem Stammwürzegehalt von 28 % erreicht diesen maximalen Wert immerhin, schmeckt dafür aber auch so süß und vollmundig, dass es nur noch entfernt an Bier erinnert. Ein Durstlöscher ist es beileibe nicht.

Ich bin kein Freund von vollmundigen Bieren mehr. Das war früher mal. Und da starke Biere in der Regel vollmundig sind – je stärker, desto extremer – bin ich auch kein Freund von Starkbieren mehr. Doch es gibt Dinge, die muss man einfach testen – weil es sie gibt.

Also besorgte ich mir besagtes Produkt, eine obergärige Hefe, die ursprünglich aus England stammt. Es dauerte einige Monate, bis dieser ausgefallene Artikel mal wieder lieferbar war. Im Vorfeld überlegte ich hin und her, wie wohl die nötige Stammwürze von – na, sagen wir – 60 % zu erreichen sei. Geht das überhaupt?

Theorie

Es war der Hersteller WHITE LABS selbst, der mit den entscheidenden Hinweisen half. Bevor ich zur praktischen Umsetzung komme, seien hier einmal die von mir recht frei übersetzten Tipps zitiert:

„Der Geschmack ändert sich sehr stark in Abhängigkeit vom gebrauten Bier. Je höher der Alkoholgehalt, desto weiniger das Ergebnis. Bei mehr als 16 Volumenprozenten schmeckt das Bier weniger wie Bier, sondern eher wie stärkerer Wein. Bei alkoholschwächeren Bieren erzeugt diese Hefe ein nettes, dezentes Ester-Aroma wie man es von englischen Ales kennt. Mit zunehmendem Alkoholgehalt tritt ein phenolischer Charakter auf. Die Gärung kommt zwischen 12 und 16 Volumenprozenten zum Erliegen, wenn nicht einige Hinweise befolgt werden:

- Belüften Sie die Anstellwürze viermal so viel wie sonst.
- Verwenden Sie die 3- bis 4-fache Menge anderer Hefen.
- Belüften Sie die Würze während der ersten 5 Tage der Gärung täglich.
- Verwenden Sie zur Unterstützung Hefenährstoffe.
- Die Würze sollte nicht gleich den gesamten Extrakt enthalten, sondern am Anfang nur den Extrakt für ein 6- bis 8-prozentiges Bier. Geben Sie während der ersten 5 Tage den weiteren Extrakt/Zucker nach und nach zu, was sich mit dem Belüften verbinden lässt. Das ist vor allem dann nötig, wenn Sie einen Alkoholgehalt von 25 % anstreben."

Soweit WHITE LABS in einer E-Mail. Um es ganz deutlich zu sagen: Die Ratschläge sollten Sie beherzigen, wenn Sie das Potenzial der Hefe tatsächlich ausreizen möchten. Sind Sie mit einem geringeren Alkoholgehalt zufrieden, können Sie natürlich Abstriche machen.

Laut Katalog weist diese Hefe darüber hinaus folgende allgemeinen Charakteristika auf, die für Sachkundige der Vollständigkeit halber erwähnt seien:

- Vergärungsgrad über 80 %
- mittleres Flockungsvermögen
- optimale Gärtemperatur 18 bis 21 °C
- Ester-Charakter nimmt mit dem Alkoholgehalt zu, bei niedrigem Alkoholgehalt jedoch eher malzig.

Was bedeutet das nun für die Praxis? Wie müssen Sie vorgehen, um mit dieser Hefe ein Superstarkbier zu brauen?

Praxis

Eigentlich ist das ganz simpel. Brauen Sie zunächst irgendein (obergäriges) Bier. Verfahren und Rezeptur sind egal. Die Stammwürze sollte bei 16 bis 20 % liegen. Wählen Sie im Zweifelsfall ein Weizen(doppel)bock und denken an die erforderliche, intensive Belüftung bei der Hefezugabe.

Da ich für den Anfang nicht gleich die Rekordmarke von 25 Volumenprozenten anpeilte sondern lediglich moderate 12 bis 15 %, verzichtete ich auf Hefenährstoffe und beließ es bei der normalen Hefegabe, also bei einer Ampulle.

Nach dem Anstellen muss der Sud zunächst (bis zur Kräusenbildung) in einem Raum mit mindestens 21 °C stehen – jedenfalls bei der ersten Führung der Hefe. Ist die Gärung erst kräftig in Gang gekommen, können Sie den Sud geringfügig auf bis zu 18 °C abkühlen.

Nun muss der Extraktgehalt in mehreren Schritten erheblich angehoben werden, wofür z.B. Malzextrakt, Malzextraktpulver oder Zucker zur Verfügung stehen. Der Einfachheit halber, aus Kostengründen und weil das Produkt sowieso intensiv genug schmecken wird, habe ich es mit letzterem versucht. Ein Kilo Zucker bringt bei 20 Litern Würze knapp 5 % Extrakt.

Fünf Tage lang, je einmal täglich, ließ ich den Sud von einem Gärgefäß in ein anderes plätschern und mischte bei der Gelegenheit je ein Kilo Zucker unter. Welch ein Gepansche! Ich beobachtete mein Treiben durchaus mit einem gewissen Argwohn, wie Sie sicher nachvollziehen können.

Der Hefe war's egal. Sie gärte unverdrossen und überaus intensiv vor sich hin, wie es ihr Job ist. Nach besagten fünf Tagen ließ ich sie in Ruhe, und es ging weiter wie bei jedem anderen Bier. Nur auf wesentlich höherem Niveau. Rein rechnerisch – hätte ich allen Extrakt bzw. Zucker auf einmal in der Würze gehabt und wäre nicht immer bereits ein Teil vergoren gewesen – muss die Stammwürze bei etwa 35 % gelegen haben. Und davon hatte ich nun 25 Liter. Na toll.

Bei einem Restextrakt von 10,4 % flachte die Gärung soweit ab, dass ich mich entschloss, das Bier in Flaschen zu füllen. Es war durchaus noch eine kräftige Nachgärung zu erwarten, daher richtete ich mich gleich auf längeres Lüften der Flaschen ein. Genauso kam es. In den folgenden Wochen durfte ich über ein dutzendmal den Überdruck entweichen lassen.

Ergebnis

Jetzt wollen Sie natürlich wissen, was bei diesem Experiment herauskam. Das wäre die Gelegenheit für hübsch ausgedachte Märchen. Denn wer berichtet schon gerne von Misserfolgen? Aber ich will mal ehrlich sein und nicht verschweigen, dass so mancher Flascheninhalt voreilig im Ausguss landete, weil das Zeug ungenießbar war – zumindest in der Frühphase.

Es begann mit einer ersten Verkostung nach zwei Wochen. Ja ... doch ... man konnte dem Getränk einen gewissen bierigen Charakter nicht absprechen. Doch soooo zuckersüß ... nee ... also echt – weg damit.

Zweite Verkostung nach einem Monat. Immer noch sehr süß. Zwar war das nicht mehr diese leere, sondern eher eine likörige Süße, wenn man erst am zuckerwattigen Schaum vorbeigekommen war, aber ein Genuss war auch dies nicht. Wieder ein halber Liter Verlust, und das ohne ernsthaftes Bedauern. Immerhin tauchte ein Silberstreif am vorher düsteren Horizont auf. Es bestand Hoffnung auf eine weitere positive Entwicklung. Allerdings ist der Horizont eine imaginäre Linie, die sich immer weiter entfernt, je näher man ihr kommt.

Aber so schlimm wurde es dann doch nicht. Nach zehn Wochen konnte sich das Ergebnis durchaus sehen lassen. Likörfreunde konnten es sogar genießen. WHITE LABS hatte nicht zuviel versprochen. Weinig und leicht phenolisch fiel das Bier aus. Nur halt nicht bierig. Nun zeigte sich, dass dieser Versuch durchaus kein Fehlschlag war. Gut Ding will Weile haben.

Mir persönlich schmeckte das Super-Starkbier freilich zu extrem. Und von diesem Likör hatte ich immer noch 20 Liter im Keller stehen ...

Nachtrag

Ich habe tatsächlich jemanden gefunden, der den größten Teil des Sudes destillierte. Das ergab einen leckeren Bierbrand. Einige Flaschen bewahrte ich aber auf. Beispielsweise öffnete ich mal nach dreieinhalb (!) Jahren eine davon und spendierte sie einer Runde älterer Damen – in Likörgläsern.

Total niedlich, die kleinen Likörgläser, darin Bierlikör mit stabiler Schaumkrone wie bei einem großen Bier, super klar und von reinem Geschmack. Letztlich ein voller Erfolg. Die Damen waren begeistert.

So ein Superstarkbier ist also tatsächlich jahrelang haltbar. Ein Bier wie ein Likör. Sie sollten es in kleine Flaschen füllen und bei Geburtstagen oder anderen Anlässen mal eine davon ausschenken. Und falls Sie es destillieren (lassen), haben Sie aufgrund des hohen Alkoholgehalts eine ergiebige Grundlage für einen guten Bierbrand.

Von WHITE LABS erfuhr ich im Mai 2008, dass man die Qualität der Hefe in den letzten Jahren weiter verbessert hat. Bei mir selbst läuft ein neuer Versuch. Bis Ergebnisse vorliegen, dauert es aber noch eine Weile.

Ausklang

Hier, lieber Leser, müsste normalerweise ein Nachwort stehen. Aber dieses Buch ist schon sachlich genug ausgefallen, und die Beschäftigung mit dem Bierbrauen soll ja nicht nur aus Wissenschaft und Arbeit bestehen, sondern auch ein wenig Spaß machen. Deshalb habe ich erstens als Zusammenfassung, zweitens zur Entspannung die Ballade vom Bierbrauen geschrieben, die natürlich autobiographische Züge aufweist. Damit schließe ich meine Ausführungen, und wünsche Ihnen viel Erfolg beim weiteren Brauen und viel Freude mit den Ergebnissen.

Die Ballade vom Bierbrauen

Ein Mensch erwacht im Morgengrauen
und denkt – es ist noch ziemlich früh –
„Heut' möchte ich ein Bier mir brauen!
Wie sehr lohnt immer diese Müh'!"

Er frühstückt erst, das ist ihm wichtig
bevor er mit dem Werk beginnt.
Und dabei überlegt er richtig,
welches Rezept er diesmal nimmt.

'S ist Sommer, und man muss nicht heizen.
Im Gegenteil – die Sonne knallt.
„Da braue ich mir doch ein Weizen,"
denkt er sich, „das ist fertig bald".

Er holt zunächst den Maischekessel
und muss dann in den Keller gehn,
wo gut verschnürt mit enger Fessel
die malzgefüllten Säcke stehn.

Die Malze werden abgewogen
ganz nach gewünschter Rezeptur.
Dann muss der Brauer sie selbst schroten.
Dafür braucht er Minuten nur.

Im Kessel ist bereits das Wasser.
Dort gibt das Malz er sacht hinein.
Das staubt erst, wird dann immer nasser,
und will fortan gerührt sein.

Die Maische braucht jetzt gut drei Stunden,
wird mal erwärmt, mal rastet sie.
Sie darf nicht anbrennen, noch klumpen,
und ist ‚ne ziemlich trübe Brüh'.

So wandelt bald der Stärke Kleber
sich in begehrte Zuckerarten.
Beim Läutern bleibt zurück der Treber,
auf den schon viele Tiere warten.

Die Würze hat der Held gewonnen.
Sie lässt die Pfanne voll wohl sein.
Und hat das Kochen erst begonnen,
dann kommt der Hopfen flugs hinein.

Die Würze kocht neunzig Minuten,
während Eiweiß koaguliert,
und von dem Hopfen in den Fluten
ein Drittel isomerisiert.

Nun filtert er mit feinem Tuch –
damit das Bier recht lange hält –
aus seiner Würze Trub und Bruch,
und danach wird sie kalt gestellt.

Auf zwanzig Grad gekühlt in Ehren,
wird erst die Stammwürze gemessen,
und vorbereitend für das Gären
kräftiges Lüften nicht vergessen.

Dabei wird Hefe zugegeben.
Das Weizenbier ist obergärig.
Mit ihr beginnt das Bier zu leben.
Fürs Erste ist der Brauer fertig.

Die Würze gärt, die Kräusen stehn,
der Brauer spindelt, wartet ab.
Er spült die Bügelflaschen schön,
die mühsam er gesammelt hat.

Dann endlich ist das Werk vollbracht,
die Flaschen alle frisch gefüllt.
Des Brauers Herz vor Freude lacht
weil neues Bier im Keller kühlt.

Ein wenig muss das Bier nun reifen,
der Trub muss auch zu Boden sinken.
Der Brauer hört sich leise pfeifen.
In zwei, drei Wochen kann er's trinken.

Das Selbstgebraute schmeckt am besten.
Damit kann sich – das muss man sagen –
kein Industriebier ehrlich messen.
Sie können Hobbybrauer fragen...

Anhang

Berechnung von Alkoholgehalt und Brennwert

Alkoholgehalt und Brennwert des selbstgebrauten Bieres können Sie anhand der gemessenen Stammwürze und des nichtvergärbaren Restextraktes (in Prozent oder °P = Grad Plato) errechnen. Beide Werte müssen Sie in die Formeln einsetzen.

Weiter müssen Sie in G die Menge festlegen, auf die sich der Brennwert beziehen soll. Auch diese Berechnung (aus dem Buch von Hubert Hanghofer) ist sehr einfach und läuft vollautomatisch, wenn man die Formeln erst in ein Tabellenkalkulationsprogramm (wie Excel) eingegeben hat.

		Beispiel		Formeln
A	Stammwürze	12,2	°P	gemessen
B	Restextrakt im fertigen Bier	3,8	°P	gemessen
C	tatsächlicher Restextrakt	5,3	%	= 0,1808 x A + 0,8192 x B
D	Dichte	1,013	g/ml	= 261,1 / (261,56 − B)
E	Gewichtsprozente Alkohol	3,6	%	= 81,92 x (A − B) / (206,65 − 1,0665 x A)
F	Volumenprozente Alkohol	4,5	%	= D x E / 0,794
G	konsumierte Menge	0,5	l	festgelegt
H	physiologischer Brennwert	230	kcal	= (6,9 x E + 4 x (C − 0,1)) x 10 x G x D
I	entspricht	963	kJ	= H x 4,18684

Für die Berechnung des Alkoholgehaltes gibt es allerdings auch eine relativ gute Faustformel, die auf den selben gespindelten Werten basiert:

[Stammwürze − nichtvergärbarer Restextrakt] / 2

Nach obigem Beispiel führt die Rechnung zu recht passablen Annäherungswerten:

[12,2 − 3,8] / 2 = 4,2

Korrektur der Spindelergebnisse

Mit der Bierwürzespindel (Saccharometer) misst man den Extraktgehalt der Würze. Es handelt sich hierbei um eine Dichtemessung. Wasser als wesentliche Komponente verändert mit der Temperatur jedoch seine Dichte, daher ist die Würzetemperatur beim Spindeln zu berücksichtigen. Spindeln sind in der Regel auf 20 °C geeicht. Bei abweichenden Temperaturen ist der gespindelte Wert zu korrigieren. Der untenstehenden Tabelle entnehmen Sie, wieviel Prozent Sie zu dem gemessenen Extraktgehalt addieren (bei mehr als 20 °C) oder wieviel Prozent Sie subtrahieren (bei weniger als 20 °C) müssen, wobei die Korrekturen mit zunehmendem Extraktgehalt größer werden (achten Sie auf die richtige Spalte).

Würzetemperatur in °C	gemessener Extraktgehalt in Prozent				
	1-4,5	4,6-8,9	9-13,5	13,6-18,9	19-25
26	+0,34	+0,35	+0,36	+0,38	+0,40
25	+0,28	+0,29	+0,30	+0,31	+0,32
24	+0,22	+0,23	+0,24	+0,25	+0,26
23	+0,16	+0,17	+0,18	+0,18	+0,19
22	+0,10	+0,11	+0,12	+0,12	+0,13
21	+0,05	+0,05	+0,06	+0,06	+0,06
20	0	0	0	0	0
19	−0,04	−0,05	−0,05	−0,06	−0,06
18	−0,09	−0,09	−0,10	−0,11	−0,12
17	−0,13	−0,14	−0,15	−0,16	−0,18
16	−0,17	−0,18	−0,20	−0,21	−0,23
15	−0,20	−0,22	−0,24	−0,26	−0,28
14	−0,24	−0,26	−0,28	−0,31	−0,34
13	−0,27	−0,29	−0,33	−0,35	−0,39
12	−0,30	−0,33	−0,37	−0,40	−0,44
11	−0,32	−0,36	−0,40	−0,44	−0,49
10	−0,34	−0,39	−0,43	−0,48	−0,54
9	−0,36	−0,41	−0,47	−0,52	−0,58
8	−0,38	−0,44	−0,50	−0,55	−0,62
7	−0,39	−0,46	−0,52	−0,59	−0,67
6	−0,40	−0,47	−0,55	−0,63	−0,71
5	−0,40	−0,49	−0,57	−0,66	−0,75
4	−0,41	−0,50	−0,59	−0,69	−0,79

Adressen und Bezugsquellen

Adressen und Literatur

Bierbrauseminare, Vorträge, Anfragen, Notfälle („Die heiße Bierleitung"):
Dr. Hagen Rudolph
Anschrift und Telefon siehe Website
eMail: info@hagenrudolph.de
Website: www.hagenrudolph.de

Verband der Hobbybrauer:
Vereinigung der Haus- und Hobbybrauer in Deutschland e.V.
eMail: vhd@hausgebraut.de
Website: www.hausgebraut.de

Fachliteratur für das Brauwesen

Fachverlag Hans Carl GmbH,
Fachbuchhandlung
Andernacher Str. 33a
90411 Nürnberg
Tel. 0911/9 52 85-0
Fax 0911/9 52 85-48
eMail: info@hanscarl.com
Website: www.hanscarl.com

Literatur

Barth, Heinrich Joh./Klinke, Christiane/Schmidt, Claus: Der große Hopfenatlas – Fachverlag Hans Carl, Nürnberg 1994

Hanghofer, Hubert: Bier brauen – BLV Verlagsgesellschaft, München 1999

Heyse, Karl-Ullrich (Hrsg.): Handbuch der Brauerei-Praxis – 3. Aufl., Fachverlag Hans Carl, Nürnberg 1995

Kling, Klaus: Bier selbst gebraut – 2. Aufl., Verlag Die Werkstatt, Göttingen 2006

Krause, Udo: Bier selbst gebraut – W. Ludwig Buchverlag, München 2001

Lehrl, Richard: Bier brauen – Verlag Eugen Ulmer, Stuttgart 2000

Narziß, Ludwig: Abriß der Bierbrauerei – 6. Aufl., Ferdinand Enke Verlag, Stuttgart 1995

Rudolph, Hagen: Selber Bier brauen – Midena Verlag, Augsburg 1999

Rudolph, Hagen: Heimbrauen – Fachverlag Hans Carl, Nürnberg 6. Auflage 2018

Rudolph, Hagen: Craft-Bier. Brauen und Genießen – Fachverlag Hans Carl, Nürnberg 2019

Schulters, Johannes/Knab, Martin: Bierologie – Fachverlag Hans Carl, Nürnberg 1999

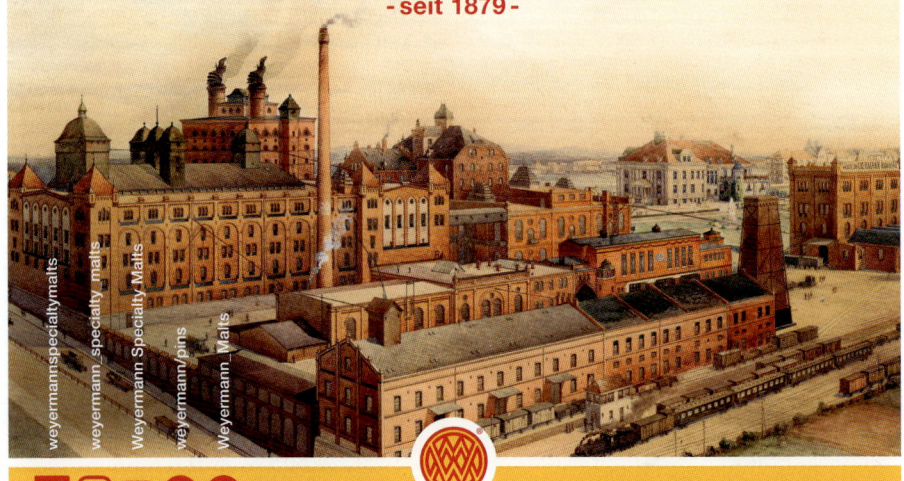

ALLES FÜR DEIN BRAUERLEBNIS

- komplette Sets für Einsteiger und Fortgeschrittene
- Hopfen, Malz und Hefe
- Brauanlagen
- Gär-, Lager- und Abfülltechnik
- vieles mehr rund ums Hobbybrauen / Selbermachen

Schau gleich mal rein!

info@hopfen-und-mehr.de
07528 96990-10

Hopfen und mehr GmbH
Hüttenstraße 40
88099 Neukirch

Hopfen und mehr
hobbybrauerversand.de

BRAUEN.de

MEIN BIER
NATÜRLICH SELBSTGEBRAUT.

IHR ONLINE-SHOP FÜR

BRAUSETS · BRAUZUTATEN · BRAUZUBEHÖR

gogreen DHL-Versand 4,99 €   Versandkostenfrei ab 75,- €
Abholung im Lager möglich

Straße des 17. Juni 14
01257 Dresden

info@brauen.de

www.brauen.de

125

Register

Acidität 15 ff., 26 f.
Agar-Agar 78 f.
Aldehyd 85
Alkalimetall 11 f.
Alkalität 15ff., 19, 25 ff.
Alkohol 32, 40 ff., 62, 73, 85, 93, 114 ff., 121
α-Amylase 27, 29, 4
Alphasäure 65 ff.
Amberbier 111
Ankommen 75, 86
Anstellen 43, 49, 71, 75, 81 ff., 106 ff.
Anstellwürze 55, 75, 85, 88
Antrunk 96
Aromahopfen 59, 61, 69, 107 ff.
Aufsalzen 26
ausgeglichene Alkalität 16 f., 19, 26 f.
Ausschlagen 50, 68, 105 ff.
Ausschlagwürze 79, 88
Base (Lauge) 14
Belüftung 36, 86
β-Amylase 48
Bier-Aroma-Guide 98
Bierbrand 117
Bierfarbe 18, 29, 36 ff., 40 ff., 46, 51
Bierlikör 117
Biertyp 10, 13 f., 40
Bittere 17 f., 27, 61, 63, 65, 67 ff., 93, 96, 103 f.
Bittereinheiten 65
Bitterhopfen 60 f., 65, 67, 69, 106
Bitterstoffausnutzung 65 f.
Blasenbildung 87
Bottichmaische 51
Braugips 26 f.
Braumeister 73
Brennwert 121
Bruchbildungsvermögen 70
Bruchhefe 70
Calcium 11 ff., 15 f., 19 f., 24 ff., 68, 74
Calciumchlorid 26 f.
Calciumhydroxid 24 f.
Calciumsulfat 13, 26 f.
Chlor 21 f., 101

Chlorid 21, 27
Darren 36
Dekoktionsverfahren 39, 51 f., 55, 105
Dextrin 48 f.
Diacetyl 75, 96, 101
Dickmaische 52
Dünnmaische 52
EBC-Skala 37
Eisen 21, 104
Eiweiß 18, 28 f., 34 ff., 47, 51, 53, 70, 74, 76, 84 f., 93, 103, 105 f., 119
Eiweißkoagulation 18
Eiweißrast 53, 103, 105
Eiweißschleier 70, 85
Endvergärungsgrad 29, 34, 49
Enthärtung 23 ff.
Entsalzung 28, 30
Enzyme 28, 32, 34, 36, 44 f., 47 ff., 51, 74
Erdalkalimetall 11 f.
Erlenmeyerkolben 76, 78, 82
Essigstich 101
Ester 49, 85
Export 8, 17, 20, 40, 66
Extraktgehalt 54, 65, 68, 87 f., 116, 122
Fehlaroma 75, 102
Flaschen 9, 88 ff., 92 f., 100, 104
Flockungsvermögen 70, 73, 75, 103, 115
fruchtig 49, 67, 97, 99, 102
Gärbeginn 82
Gärfähigkeit 75
Gärführung 83 ff., 103
Gärung 40, 49 f., 58, 63, 69 f., 72, 75 ff., 82 ff., 92 f., 101 ff., 110, 114 ff.
Gasthausbrauerei 63, 70
gelöschter Kalk 24 f.
Gemüsegeruch 102
Gerste 32 ff., 42, 70, 100, 104
Geruch 86, 94, 96 ff., 100 ff., 104
Gesamtalkalität 16 f., 19 f.
Gesamthärte 11, 17, 20, 23, 26
Geschmack 10, 13, 17 f., 21, 26 ff., 34, 36, 40 ff., 49, 51, 67, 75, 83 ff., 92 ff., 96 ff., 100 ff.
Grundbittere 68 ff.

Grünmalz 35 f.
Gushing 104
Gussführung 39, 45
Hafer 34
Härtegrad 11
Hartharze 57 f.
Hauptguss 45 f., 53
Haupttrunk 97
Hefe 6, 17, 21, 29, 70 ff., 82 ff., 92 f., 100 ff.
Hefekulturen 79
Hefenährstoffe 74, 115
Hefetrieb 76
Hefezucht 70, 72, 77
Heilpflanze 59
Herführen 82
High-gravity-brewing 49
Hirse 34
Hopfen 17 f., 28 ff., 50 f., 56 ff., 65 ff., 76, 85, 88, 93, 97, 99, 103, 105
Hopfenbitterstoff 18, 56, 58, 63, 85, 93
Hopfendolden 56
Hopfenextrakt 62 f.
Hopfengabe 17, 56, 60 f., 63 ff., 103, 105
Hopfengerbstoff 56, 58
Hopfenöl 50, 56, 58, 62 f.
Hopfenpellets 62 f.
Hopfenpolyphenole 58
Hopfenpulver 62
Humulon 57, 67 ff.
Hydrogenkarbonat 12, 15, 19, 24
Impföse 78 ff.
Indikator 22, 25
Infusionsverfahren 51, 105 ff.
Ionen 12, 14 ff., 19, 21, 28, 68
Irish Stout 106
Iso-Hopfen 63
Isomerisierung 65, 68 f.
Jodprobe 51, 53 f., 105
Kalium 11, 74
Kalkmilch 24, 26
Kalziumoxyd 11
Karamelmalz 36 f., 42, 112
Karbonat 11 ff., 24 f., 26 f.

Karbonathärte 11 ff., 20, 24 ff.
Keg 90 f.
Kellergeruch 100
Kesselstein 12
Klarheit 97
Kochmaische 51 ff.
Kohlendioxid 12, 24 f., 62, 85
konzentrierte Maische 46, 49, 102
Kräusen 69, 72, 85 ff., 115
Kryoröhrchen 77 ff.
Lagerbier 17, 20, 40 f., 60, 72 f., 99
Lagertemperatur 103 f.
likörig 116
Lupulin 56 ff., 62, 64
Magnesium 11, 13, 19 f., 26, 74
Mais 34
Maische 17, 25, 27 ff., 32 f., 39, 43, 45 ff., 51 ff., 103
Maltose 18, 48
Maltoserast 48 f., 53, 106 ff.
Malz 32 ff., 43 ff., 54, 86 f., 99, 101 f., 106 ff.
Malzextrakt 63, 77, 79, 83, 93, 116
Malzgerbstoffe 18
Malzigkeit 17
Mangan 21
Märzen 40, 66, 73, 112 f.
Melanoidinmalz 36 ff., 40, 111
Milchsäure 29 ff., 101
Mineralstoffe 58
Nachgärung 87 ff., 92 f., 101, 103 f., 116
Nachguss 45, 47, 50, 65, 106 ff.
Nährboden 79 ff.
Natrium 11
Nichtkarbonathärte 11 ff., 20, 26 ff.
nichtvergärbarer Zucker 48
Nitrat 12 f., 13, 21 f., 58, 62, 103
Nitrit 21 f., 58, 103
obergärig 17, 42, 49, 66, 71, 73 ff., 88, 95, 102, 106, 111
ökologischer Anbau 58
Partyfass 89 f.
Petrischale 77 ff.
Pflanzenschutzmittel 58, 62

phenolisch 101
pH-Wert 14 ff., 22, 25 f., 28 f., 39, 57 f., 68 f., 85, 102
physiologische Kochsalzlösung 78, 80
Pilsener 10, 13, 17, 20, 23, 98, 105, 107 ff.
Rauchbier 113
Rauchmalz 36 ff., 40, 113
Reinheit 96
Reinzuchthefe 75 f.
Reis 34
Restalkalität 16 f., 19 f., 26 ff., 104
Restextrakt 87, 92, 104, 121
Rezens 96 f., 104
Röstmalz 36 f., 42 f., 55, 106, 108
Röstmalzbier 43, 108
Roggenmalz 32, 37, 42
Rohgetreide 32
säuerlich 28, 99, 101
Sauermalz 28 ff., 36 f., 40
Säure 14 f., 29 f., 57 f., 62, 65 ff.
Schaum 29, 34, 50, 64, 76, 83 f., 94 f., 97, 100, 104
Schimmel 80, 100, 104
Schlämmen 76 f.
Schrägagar 78 ff.
Schroten 43 f.
Servomyces 75
Sommergerste 32
sortentypisch 96, 99 f.
Sortenvielfalt 10
Speise 87 ff., 93, 104 f., 110
Spelzen 18, 39, 43 f.
Spezial 20, 42, 71
Spindel 53 ff., 58, 122
Spitzmalz 35, 40
Stammwürze 46, 53, 55, 65, 95, 106 ff.
Stärke 18, 32 ff., 45, 48, 51 f.
Starkbier 40, 42, 47, 55, 66, 84, 99, 114 ff.
Starterwürze 82
Staubhefe 70
Sudhausausbeute 53 ff.
Sudpfanne 47, 49
Sulfat 12, 13, 16

Superstarkbier 114 ff.
Teilmaische 51 ff.
Thyndallisation 78
Trinkwasserverordnung 15
Trockenhefe 71, 77, 87
Trub 17 f., 57, 68, 70, 76, 86, 89, 91 ff.
ungelöschter Kalk 24 f.
untergärig 49, 66, 70 f., 73, 107 ff.
UV-Belastung 100
Ventil 89 f.
vergärbarer Zucker 48
Vergärungsgrad 72
Verkostung 94 ff.
Vollmundigkeit 17 f., 40 ff., 49, 83 f., 96, 107 f.
Volumenprozente 114 f., 121
Wasser 10 ff., 19 ff., 33, 35 f., 39, 47, 50, 53 f., 58, 68, 74, 76 ff., 104, 106 ff., 122
Wasseranalyse 22
Wasseraufbereitung 21 ff., 30
Wasserhärte 11, 14, 16, 22, 24, 28
Weichharze 57
weinig 114, 117
Weizen 33 ff., 70 ff., 113, 115
Weizenbraumalz 37, 42
Weizenkaramelmalz 37, 42
Zucker 32, 45, 48 f., 51, 83, 85, 92 f., 109, 115 f.